Unterwegs zwischen
Wien und Bratislava
Genussvoll durch Marchfeld und Donauauen

Christina Rademacher

Mit Tourentipps für Radfahrer & Wanderer

Unterwegs zwischen Wien und Bratislava

Genussvoll durch Marchfeld und Donauauen

pichler verlag

Inhalt

Land der Felder und Flüsse	**8**
Wahnsinn, wie viel Platz hier ist!	10
Schlachtenlärm und Funkenflug	**12**
Kuruzen, Pest und andere Plagen	14
Die Donau: Handelsweg und Kriegsschauplatz	16
Franzosenfriedhof, Sachsenklemme und ein erschöpfter Soldat	21
Feuerspeiende Dampfrösser auf Jungfernfahrt	26
Schlaraffenland für Gemüsefans	**30**
Von A wie Artischocke über W wie Windrad bis Z wie Zwiebel	32
Unterirdisch gut: Marchfeldspargel	34
Made in Marchfeld: Knoblauch	37
Herzensgut: Artischocken	38
Gemeinsam zum Gemüse	42
Aus der Region auf den Wirtshaustisch	43

Bauerndörfer, Mauerstädte, Pendlerorte	**48**
Deutsch-Wagram: Zug um Zug Richtung Gegenwart	50
Gänserndorf: Vom Gänsedorf zum Wirtschaftszentrum	53
Groß-Enzersdorf: Bindeglied zwischen Metropole und Marchfeld	56
Marchegg: Kleine Storchenstadt mit großer Gründungsgeschichte	59
Weikendorf: Blumen, Buchsbaum und Barock	64
Wo der Adel prunkte, jagte und entsagte	**68**
Devín: Ruine mit Aussicht	70
Eckartsau: Jagdschloss am Auwald	72
Hof: Prunkschloss mit Bauernhofidyll	74
Leopoldsdorf: Ein Hauch von Italien	79
Marchegg: Stadtburg mit Barockgesicht	80

Niederweiden: Lustschloss mit Jagdküche	82
Obersiebenbrunn: Kloster mit Pavillon	84
Orth: Renaissancekastell im Nationalpark	86
Sachsengang: Wehrburg im Familienbesitz	88

Goldene Sessel am grünen Wasser — 94

Nationalpark Donau-Auen: Artenreichtum auf 38 Kilometern	96
Marchauen: Lebensraum im ehemaligen Niemandsland	105
Marchfeldkanal: Infotainment abseits des Autoverkehrs	110
Trappen, Triele und andere seltene Vögel	113
Europaweit einzigartige Sandgebiete	117
Konzerte in der Au, Kultur im Kotter, Kunst im Park	123

Klettern mit Teamgeist und Bälle mit Drive — 130

Auf der Pirsch im Erlebnispark Gänserndorf	132
Reiten wie zu Kaisers Zeiten	134
Tennis auf einer der größten Anlagen Niederösterreichs	137
Baden auf Schotterbänken und vor Kiesbergen	138
Golf in S, M und XXL	140
Fliegen wie einer der Seeadler des Nationalparks	144

Anhang — 146

Mobil im Marchfeld	148
Nachlesen & nachschauen	154
Zeichenerklärung	155
Orte & Sehenswürdigkeiten – Register	156
Bildnachweis	160

Land der Felder und Flüsse

Zwischen Wien und Bratislava gedeihen Gegensätze: Flussauen umrahmen Sandgebiete, robustes Gemüse für die Tiefkühlindustrie wächst neben Exoten für die Haubenküche und mittelalterliche Burgen trotzen Barockschlössern.

Wahnsinn, wie viel Platz hier ist!

Wer aus Tirol, Salzburg oder Kärnten ins Marchfeld kommt, staunt zunächst über das, was es hier nicht gibt: Im Land der Berge fehlt dieser Ebene ein entscheidendes Merkmal. „Wahnsinn, wie viel Platz hier ist", murmeln Besucher und fragen sich insgeheim, ob das hier, wo der Blick allenfalls durch die Türme der Raiffeisen-Lagerhäuser verstellt wird, überhaupt Österreich ist. Setzt man aber die Berge-Brille ab, wird der Blick frei für das, was das Marchfeld zu bieten hat.

Wunderschöne grüne Grenzen zum Beispiel: Die Aulandschaften der beiden Flüsse, die das Marchfeld im Süden und Osten begrenzen, sind einzigartig – nicht nur in Österreich, sondern in Europa. Seit 1996 bewahrt der Nationalpark Donau-Auen jene Reste der Aulandschaft, die nach den Regulierungen der Donau seit dem 19. Jahrhundert übrig blieben. Schützenswert sind auch viele der Tiere und Pflanzen, die in den Augebieten der March leben, wo Feuchtgebiete neben trockenen, vom pannonischen Klima geprägten Standorten eine besonders große Artenvielfalt ermöglichen. Die größte baumbrütende Weißstorchkolonie Mitteleuropas in Marchegg ist dabei ein Superlativ in den Tourismusbroschüren. Ob aus dem Natura-2000-Gebiet March-Thaya-Auen entlang der Ostgrenze Österreichs auch einmal ein großer Nationalpark wird, steht noch in den Sternen am weiten Himmel über dem Marchfeld.

Darunter beschränkt sich die Natur nicht auf die Ränder der Region, sondern findet auch zwischen Getreide, Spargel und Zuckerrüben Platz. Sandige Böden prägen Kleinode wie die Weikendorfer Remise, die 1927 das erste Naturschutzgebiet Österreichs wurde. Abgelegen und meist menschenleer sind sie, aber reich an botanischen Raritäten wie der zartweißen Späten Federnelke. Auch die Großtrappen, die eine Lebenserwartung von 20 bis 25 Jahren haben und ihrem Brutplatz, einer Mulde im nackten Erdboden, oft bis zu ihrem Tod treu bleiben, stehen im Marchfeld unter Schutz.

Für Radfahrer, die dem grünen Band des Marchfeldkanalsystems folgen, bedeutet das Trappenschutzgebiet zwar einen Umweg durch die Dörfer. Doch dafür kann man sich dort mit dem stärken, was das Land hergibt. Und das ist längst mehr als Gemüse und Getreide aus herkömmlichem Anbau. In den Hofläden und Wirtshäusern finden sich vielfach biologisch angebaute Schmankerln für Feinschmecker, die in der Breite des Sortiments fast schon das Angebot der Supermärkte überflügeln: Mit Gemüse – frisch oder eingelegt –, Obst – frisch oder gepresst –, Ölen und Essigen, Pestos, Gewürzen, Honig, Eiern, Fleisch und Wurst lässt sich viel mehr als der tägliche

Nicht hoch, aber weit: Blick von den Sandbergen Oberweiden über das Marchfeld

Bedarf decken. Nur Wein wird importiert, wenn auch aus nächster Nähe, aus dem Weinviertel nördlich der Nordbahn oder aus Carnuntum südlich der Donau.

Es empfiehlt sich also, das Marchfeld gemächlich und genüsslich mit öffentlichen Verkehrsmitteln, mit dem Fahrrad, zu Fuß oder mit dem Boot zu erkunden und sich dabei Zeit zu lassen für Entdeckungen kulinarischer oder kultureller Art. Denn da sind ja auch noch die Marchfeldschlösser, für die die Region nicht erst seit der Renovierung von Schloss Hof bekannt ist, einem der eindrucksvollsten Gesamtkunstwerke des Barock. Das Spektrum reicht von der frühmittelalterlichen Wehranlage des Schlosses Sachsengang in Oberhausen über ein Spitzenwerk österreichischer Renaissancearchitektur in Orth an der Donau bis zu einem weltabgewandten Kloster in Obersiebenbrunn. Zwischen Schloss Marchegg, das jener Böhmenkönig erbaute, dessen Niederlage in der Schlacht auf dem Marchfeld im 13. Jahrhundert den Weg frei machte für die mehr als 600-jährige Herrschaft der Habsburger, und Schloss Eckartsau, in dem das letzte österreichische Kaiserpaar 1918 die Tage vor der Abreise ins Exil verbrachte, liegen zwar viele Jahrhunderte, aber nur wenige Kilometer.

Die Ebene zwischen Wien und Bratislava bietet also auch der Geschichte reichlich Platz. Dass Österreich hier kein Land der Berge ist, weiß man spätestens dann zu schätzen, wenn man den Reichtum des Marchfelds mit dem Fahrrad erkundet. Auf dem Weg von Schloss zu Schloss, Fluss zu Fluss, Ort zu Ort bremst höchstens der Wind, der fast immer so stark durchs Marchfeld bläst, dass man ihm die Wahl der Richtung überlassen sollte.

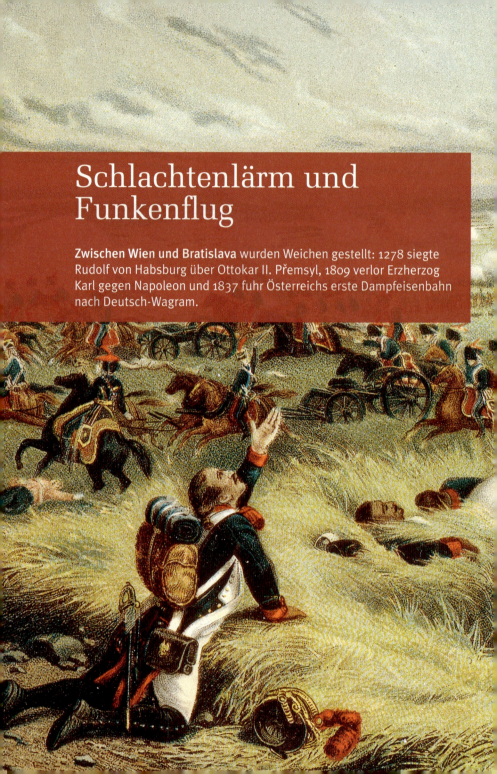

Schlachtenlärm und Funkenflug

Zwischen Wien und Bratislava wurden Weichen gestellt: 1278 siegte Rudolf von Habsburg über Ottokar II. Přemsyl, 1809 verlor Erzherzog Karl gegen Napoleon und 1837 fuhr Österreichs erste Dampfeisenbahn nach Deutsch-Wagram.

Kuruzen, Pest und andere Plagen

Durchquert man die ruhige Ebene zwischen Wien und Bratislava heute, benötigt es etwas Fantasie, um eine der größten Ritterschlachten aller Zeiten heraufzubeschwören. 1278 entschied die sogenannte **Schlacht auf dem Marchfeld** über die Zukunft Österreichs, auch wenn die beiden Orte Dürnkrut und Jedenspeigen, zwischen denen die Truppen des Böhmenkönigs Ottokar II. Přemysl (um 1232–1278) gegen die Armee des römisch-deutschen Königs Rudolf I. von Habsburg (1218–1291) kämpften, heute außerhalb des Marchfelds liegen.

Seinen Wohnsitz aber hatte der mächtige Přemyslide (der für deutsche Zungen schwer auszusprechende Name bezeichnet ein böhmisches Herrschergeschlecht) in **Marchegg**, also eindeutig im Marchfeld, obwohl die March und damit die damalige Grenze zu Ungarn nur wenige Meter entfernt liegen. Doch war es gerade diese Nähe, die Ottokar II. 1268 zur Gründung der Stadt bewogen hatte, nachdem er Béla IV. von Ungarn (1206–1270) in der Schlacht bei Groißenbrunn 1260 besiegt hatte. Mit Burganlage und Ringmauer wurde Marchegg zum Bollwerk gegen die Ungarn. Die 10.000 Menschen, die es aufnehmen sollte, blieben allerdings aus: Rund 70 Jahre nach ihrer Gründung war die Stadt beinahe menschenleer, heute hat sie nur rund 3000 Bewohner.

Besiedelt worden war das Marchfeld natürlich schon viel früher. Bronzezeitliche Funde wurden in Wagram, Orth an der Donau und Mannsdorf gemacht. Die östliche Route der **Bernsteinstraße,** jenes Handelswegs des Altertums, auf dem unter anderem Bernstein von Nord- und Ostsee in den Mittelmeerraum transportiert wurde, folgte in Niederösterreich der March und überquerte rund 50 Kilometer östlich von Wien bei Carnuntum die Donau. Ähnlich verläuft heute die B49, die folglich auch Bernsteinstraße heißt.

Um 800 sorgte Karl der Große (747/748–814) dafür, dass das Marchfeld von **Bayern und Sachsen** aus planmäßig besiedelt wurde. Aufständische Sachsen soll er an einem Donauarm (damals Gang genannt) stationiert haben, wo bis heute das erstmals 1160 erwähnte Schloss Sachsengang steht.

Im 10. Jahrhundert übernahmen die Babenberger die Herrschaft in Österreich. In den folgenden Jahrhunderten versank das Marchfeld mit Pest, Überschwemmungen, Heuschrecken, Raubrittern, Hussiten und anderen Schrecknissen im Chaos.

Nachdem die Habsburger an die Macht gekommen waren, zerstörte ein Ungar, König Matthias Corvinus (1443–1490), rund 40 Orte im Marchfeld. Später waren es die Türken, die die Schlösser Orth

Kuruzen, Pest und andere Plagen

Ungartor in Marchegg

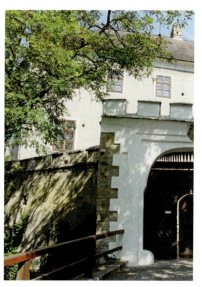

Schloss Sachsengang

und Marchegg in Brand setzten. Vor diesen flohen wahrscheinlich jene kroatischen Bauern, die sich ab dem 16. Jahrhundert im Marchfeld ansiedelten, dabei aber größere Orte wie Gänserndorf oder Marchegg mieden. Dafür wurden manche Dörfer, zum Beispiel Breitensee und Zwerndorf, rein kroatisch.

Pest, Türken und Ungarn brachten im 17. und 18. Jahrhundert wiederum vielen Marchfeldern den Tod. Ab 1703 kamen die gefürchteten **Kuruzen** („Kreuzfahrer"), wie die Ungarn genannt wurden, auch über die Donau. Rund 80 Prozent der Bevölkerung sollen ihnen während ihres Kampfes gegen die habsburgische Herrschaft zum Opfer gefallen sein.

Mit dem Anbruch friedlicherer Zeiten rückten wirtschaftliche Interessen in den Vordergrund. **Maria Theresia** (1717–1780) ließ ab 1770 Robinien, Eschen und Pappeln pflanzen, um die sandigen Böden des Marchfelds an Ort und Stelle zu halten. Aber noch 1829 soll die Gegend zwischen Markgrafneusiedl und Oberweiden eine baumlose Sandwüste ohne Quelle und ohne Haus, nur bewachsen mit rötlichem Heidegras, gewesen sein. Erst mit den Schwarzföhren, die später zwischen Gänserndorf und Obersiebenbrunn gesetzt wurden, gelang es, die Wüste nach und nach fruchtbar zu machen, zum Beispiel für Erdäpfel, die der Pfarrer Johann Eberhard Jungblut aus Prinzendorf bei Mistelbach 1761 aus Holland importiert hatte.

Bild S. 12/13: Napoleon in der Schlacht bei Wagram 1809 (Farblithografie nach Hippolyte Bellangé)

Die Donau: Handelsweg und Kriegsschauplatz

Historisch so bedeutsam wurde das Marchfeld, weil es für militärische Truppen und ganze Völker eine natürliche Schleuse **zwischen Alpen und Karpaten** bildete und damit einen Weg zwischen Mitteleuropa und dem südöstlichen Raum schuf. Diese Lücke nutzt auch die Donau: Der nach der Wolga zweitlängste Fluss Europas, der heute durch zehn Länder fließt, bildete in den ersten Jahrhunderten nach Christus die Nordgrenze des Römischen Reichs. Als die Römerstraßen nach dem Untergang Westroms verfielen, blieb er die einzig leistungsfähige Ost-West-Verbindung.

Auch in den folgenden Jahrhunderten war die Donau für den **Warentransport** zum Beispiel nach Griechenland und Indien ebenso wichtig wie für kriegerische Auseinandersetzungen. Zwischen 1482 und 1484 setzte König Matthias Corvinus im Kampf gegen Kaiser Friedrich III. eine Donauflotte ein und eroberte damit unter anderem Hainburg. Und für das türkische Heer war die Donau die zentrale Route, um Truppen nach Westen zu bringen. 1529 belagerten diese Wien mit Schiffen von der Donau aus. 1683 setzte Prinz Eugen im Kampf gegen die Osmanen sogenannte Brander ein, Kriegsschiffe, die mit brennbaren Materialien beladen und angezündet wurden, sobald sie ein feindliches Schiff erreichten.

Apropos **Schiffe:** Sie waren zunächst den Seeschiffen nachempfunden und damit viel zu groß und schwerfällig für die Donau. Erst kleinere Schiffe mit flachem Kiel und geringem Tiefgang wie die ungarischen Nassern, die Tschaiken und die Canonierbarquen, wie sie auch die Türken verwendeten, machten die habsburgische Donauflotte im Flusskrieg erfolgreich.

Wie eine **Tschaike,** ab etwa 1530 in Gmunden in Serie gebaut, ausgesehen hat, ist bei Orth an der Donau zu sehen, wo Sabine Bergauer und Martin Zöberl Fahrten mit einem solchen Holzschiff anbieten. Gebaut aus Fichten- oder Tannenholz, wurden Tschaiken von einer Rudermannschaft fortbewegt, hatten aber auch je nach Bauart verschiedene Segel. Nach ihrer Größe unterscheidet man Viertel-, Halb- und Ganztschaiken, sogar Doppeltschaiken gab es. Dank eines Brückenschlags mit zahlreichen Tschaiken gelang es Prinz Eugen 1717, Belgrad zu belagern und einzunehmen.

Friedlichen Zwecken dienten seit dem 12. Jahrhundert die **Schiffmühlen** an der Donau. Um sich den sich ständig ändernden Wasserständen anpassen zu können, wurden Wasserrad und Mühlhaus auf Schiffen errichtet. In den 1960er-Jahren endete die Geschichte der Donau-Schiffmühlen, von denen

Die Donau: Handelsweg und Kriegsschauplatz

Blick von der Ruine Devín auf die Donau

sich ein Nachbau ebenfalls bei Orth an der Donau besichtigen lässt.
Hochwasser bedrohte nicht nur die Schiffmühlen, sondern auch die Bewohner der Ufer und die Ernten im Marchfeld. Zum Schutz begann man im 19. Jahrhundert mit der Regulierung der Donau, kanalisierte den Hauptstrom mit befestigten Uferdämmen und trennte Nebenarme ab. In den 1950er-Jahren kam zu diesen Eingriffen noch der Bau von Donaukraftwerken hinzu. Als freie Fließstrecken blieben nur die Wachau und – dank massiver Proteste – der Bereich des heutigen Nationalparks Donau-Auen erhalten. Der Bau eines Kraftwerks wurde 1984 mit einer Besetzung der Hainburger Au und einem Volksbegehren verhindert.

Info

Schiffmühle Orth
Martin Zöberl & Sabine Bergauer
Fadenbachstraße 6
2304 Orth an der Donau
www.schiffmuehle.at

Geöffnet Apr. bis Okt. Tschaikenfahrten So. & Feiertag, 14 & 15:30 Uhr.
Führungen ab 10 Personen
nach Anmeldung unter
Tel. 0664 3341422.

Fischbeuschelsuppe und Karpfenspeck

Einer der Plätze an der Donau, von dem aus sich am besten Schiffe beobachten lassen, ist die Terrasse von **Humers Uferhaus**. Nur wenige Meter von den Tischen entfernt ziehen Flusskreuzfahrt- und Frachtschiffe gemächlich vorbei, hüpfen Motorboote eilig über das Wasser und kreuzt die Uferfähre in eleganten S-Bögen hin und her.

Von den Fischen, die hier vorbeischwimmen, lande allerdings keiner mehr auf den Tellern der Gäste, seitdem die Bundesforste das gewerbliche Fischereirecht 1992 eingestellt hätten, erklärt Uferhauswirt Georg Humer. Karpfen und Welse würden nun lebend angeliefert und in Donauwasser „gehältert", Lachsforellen, Saiblinge und Schleien kämen aus dem Bassin täglich frisch auf den Tisch. Nur den Zander nähmen die Köche wegen des weiten Wegs aus den kasachischen Fischgründen als tiefgefrorene Filets in Empfang.

Mögen auch Fischbeuschelsuppe oder geräucherter Karpfenspeck nicht nach jedermanns Geschmack sein, so sind viele Rezepte doch altbewährt. Den berühmten Karpfen auf serbische Art hat schon Aloysia Humer zubereitet, die Großmutter des derzeitigen Wirts, der das Uferhaus im Frühjahr 2016 in die 80. Saison der Familiengeschichte geführt hat.

Die Geschichte des Uferhauses reicht noch weiter zurück: Bis zur Regulierung des Stromes habe es hier viele Jahrhunderte lang eine seichte Furt über die mäandernde Donau gegeben, erzählt Georg Humer: „Ein anwohnender, erfahrener Uferer lotste die Fuhrwerke und Pferdegespanne sicher durch die Untiefen." Nachdem das Uferhaus beim Jahrhunderthochwasser 1899 zerstört worden war, beschloss die Gemeinde Orth 1909, an seiner Stelle ein Café-Restaurant zu errichten und zu verpachten. 1936 übernahm Großvater Georg Humer den Pachtbetrieb, den Vater Georg Humer der Gemeinde ablöste und erweiterte.

Nach dem Jahrhunderthochwasser 2002 wurde das Uferhaus neu und so eingerichtet, dass das Erdgeschoss in wenigen Stunden geräumt werden kann, inklusive Küche, Theke und Vertäfelung. Als die Donau 2013 wieder über die Ufer und damit der Ernstfall (ein)trat, rechnete sich die Investition der Familie, die in der jahrzehntelangen Geschichte des Uferhauses einige verheerende Hochwasserkatastrophen überstehen hatte müssen.

An einem schönen Sommertag auf der Terrasse hat man nur das vergleichsweise sehr kleine Problem, sich zwischen all den Fischgerichten auf der Speisekarte entscheiden zu müssen. Wer alles auf einmal probieren möchte, geht am besten an einem Aschermittwoch im Uferhaus vor Anker, wenn die Küche mit einem Süßwasserfischbuffet nach der Gunst der Gäste angelt.

Die Donau: Handelsweg und Kriegsschauplatz

Humers Uferhaus

Blick auf die Donauschiffe

Info
Humers Uferhaus
Uferstraße 20
2304 Orth

www.uferhaus.at
Nov. bis Jän. geschlossen; Feb. bis Apr.
& Okt. Di. & Mi. Ruhetag.

Großer Orther Rundwanderweg

Start/Ziel: Bushaltestelle Orth/Donau Schloss
Länge: 6,5 km
Karte: Wander-, Rad- und Freizeitkarte WK 013, Wandern im Nationalpark Donau-Auen oder Download unter www.donauauen.at
Route: Von der Bushaltestelle wenige Meter zurück Richtung Wien, links durch den Jägergrund in die Au, an der Verzweigung rechts, durch die Hartholzau und über die Heustadelwiese zum Hochwasserschutzdamm. Auf der Donauseite entlang eines Seitenarms und südlich der Tierwiese zum Fadenbach, entweder rechts Abstecher über den Alten Uferweg zum Uferhaus oder links zurück zum Beginn des Rundwanderwegs. Rechts durch den Jägergrund zur Bushaltestelle.
Die Wanderung kann nach etwa der Hälfte über den Zimmerplatzweg abgekürzt werden.

Frachtschiff auf der Donau

Donauradweg

Start: Wien, U2-Station Donaustadtbrücke
Ziel: Bahnhof Hainburg/Donau Kulturfabrik
Länge: ca. 44 km
Karte: Wander-, Rad- und Freizeitkarte WK 013
Route: Vom Ausgang Neue Donau direkt auf den Radweg, Richtung Osten auf dem mit einer „6" ausgeschilderten Donauradweg nördlich der Neuen Donau durch den Ölhafen Lobau und auf dem Marchfelddamm bis zur Donaubrücke bei Bad Deutsch-Altenburg. Nach dem Queren am südlichen Donauufer bis Hainburg, bei der ersten Unterführung der parallel verlaufenden Bahnstrecke rechts, rechts durch die Bahnstraße zum Bahnhof.
Die Tour kann bei einer Anfahrt mit der S-Bahn bis Haslau und nach einem Übersetzen mit der Uferfähre nach Orth an der Donau auf 26 Kilometer verkürzt werden.

Franzosenfriedhof, Sachsenklemme und ein erschöpfter Soldat

Hüfthohe Disteln und blühender Löwenzahn überwuchern einen Stein. Ein Windstoß hilft beim Entziffern der eingravierten Zahl: 1809. Ein Jahr, das für zwei Schlachten steht – jener bei **Aspern** am 21. und 22. Mai und jener bei **Wagram** am 5. und 6. Juli, dem blutigen Ende des Fünften Koalitionskriegs zwischen Frankreich und Österreich. Zwischen der Lobau und Deutsch-Wagram tobten die Kämpfe, die viele Tausend Soldaten das Leben kosteten. Zwischen Unter- und Obersiebenbrunn ruhen die sterblichen Überreste von etwa 150 Soldaten, die bei einem Reiterkampf fielen: Der **Franzosenfriedhof** wurde 200 Jahre nach den Schlachten angelegt, nachdem ein Sturm das Areal verwüstet hatte. „Dieser Wurzelstock steht als Symbol für die Entwurzelung des Menschen in Kriegs- und Naturkatastrophen", heißt es auf einem Schild zwischen Disteln und Löwenzahn.

Der Eroberungsfeldzug von Kaiser Napoleon I. (1769–1821) war im Marchfeld von Erfolg gekrönt. Doch sein Sieg hatte einen hohen Preis: Tausende französische Soldaten, unter ihnen viele erfahrene Generäle, verloren bei der Schlacht bei Wagram ihr Leben. Dass vor allem die sumpfigen Ufer des Rußbachs zur tödlichen Falle wurden, ist auf dem 7,2 Kilometer langen Abschnitt des **Marchfeldkanal-Radwegs** zwischen Deutsch-Wagram und Markgrafneusiedl zu erfahren. Auf Informationstafeln des Themenabschnitts „Napoleon" wird die erbittert geführte zweitägige Schlacht veranschaulicht. Vom Kleinen Wagram aus konnten das 1., 2. und 4. Korps der Österreicher unter Führung von Erzherzog Carl den Rußbach gut überblicken. Im Abwehrfeuer der Artillerie wurde er zum beinahe unüberwindlichen Hindernis für die Franzosen.

Der Radweg entlang des Rußbachs, der zu einem Teil des **Marchfeldkanalsystems** geworden ist, verläuft heute mitten durch die feindlichen Linien von einst. Auch damals standen die angrenzenden Felder in voller Frucht. Bei den Verwüstungen der Äcker blieb es nicht: Zwar konnten sich viele Bewohner in die umliegenden Wälder retten, von ihrem Hab und Gut jedoch blieb fast nichts mehr ganz. So wurden etwa Markgrafneusiedl und Baumersdorf, das heutige Parbasdorf, dem Erdboden gleichgemacht. Bei ihrer Rückkehr standen die Bewohner vor dem Nichts. 1833 waren in **Parbasdorf** schon wieder 31 Häuser aufgebaut. Knapp doppelt so viele sind es heute. Die Form des alten, vom Rußbach durchschnittenen Angerdorfs ist erhalten geblieben. In der grünen Ortsmitte ist die

Kriegerdenkmal in Deutsch-Wagram

Franzosenfriedhof bei Obersiebenbrunn

Anfang des 19. Jahrhunderts errichtete Filialkirche vor allem im Frühling und im Herbst ein schönes Fotomotiv, steht sie doch am Rand einer prachtvollen Lindenallee, die den Bach begleitet.

Insgesamt 22 Gedenkstätten an 16 Orten erinnern im Marchfeld an die Schlachten des Jahres 1809. Das älteste Denkmal steht in **Deutsch-Wagram** im Sahulkapark, der zu Zeiten Napoleons ein Friedhof war. Zum 50. Jahrestag der Schlacht bei Wagram wurde dort die kleine Kapelle mit der Marienfigur im Dachreiter aufgestellt, die zugleich die Familiengruft der Freiherren von Tkalcsevich ist, die sie gestiftet haben.

Überhaupt ist Deutsch-Wagram so etwas wie ein Zentrum des Napoleon-Gedenkens im Marchfeld. Ganz in der Nähe des **Napoleon-Museums** im Erzherzog-Carl-Haus, wo der Namensgeber sein Hauptquartier hatte, schwingt ein Soldat eine Fahne, während zu seinen Füßen ein erschöpfter Kamerad sitzt. Während das 1909 errichtete Kriegerdenkmal den Heldenmut hervorhebt, spricht der Name der Straße, an der es steht, vom ausweglosen Leid der Soldaten: Die Sachsenklemme erinnert an einen Irrtum des sächsischen Korps am Abend des 5. Juli 1809, der den Tod vieler angreifender Sachsen zur Folge hatte.

Schwer bewaffnet: Napoleon- und Heimatmuseum Deutsch-Wagram

Wer als Landwirt sein (March)Feld bestellt, befördert manchmal nicht nur Spargel ans Tageslicht. Die Erde kann Dinge preisgeben, die über 200 Jahre in ihr geruht sind: den Teil eines menschlichen Kiefers oder nur einen Zahn, Reste von Uniformen oder auch nur ihre Knöpfe. Bei Aderklaa wurden ganze

Brust- und Rückenpanzer gefunden, 2011 zum Beispiel ein österreichischer Mannschaftskürass der schweren Kavallerie, den Leopold Staudigl dem **Napoleon-Museum** für seine **Dauerausstellung über die Schlacht bei Wagram** am 5. und 6. Juli 1809 geliehen hat.

In einer Ecke des Museums steht ein dunkler Holztisch aus dem Jahr 1760, an dem Kaiser Napoleon einmal gesessen hat. Vielleicht hat er dabei einen jener Schlachtenpläne ausgetüftelt, die an den Wänden des Museums hängen. Zeitgenössische Kupferstiche der Schlacht bei Wagram zeigen ein wenig von dem Leid, dem Mensch und Tier während der Kämpfe ausgeliefert waren. In Vitrinen hängen Infanteriegewehre, die durch die Stichbajonette noch länger wurden. Auch an den Bleikugeln für die Gewehre und Pistolen müssen die Soldaten schwer getragen haben. Ausgestellt sind zudem Skelettfunde, wie etwa die Schädel eines Pferdes und eines Menschen, bei dem ein großes Loch in der Stirn keinen Zweifel an der Todesursache lässt.

Ob damals der Heldentod gestorben wurde, ist eine Frage der Interpretation. Das Museum liefert die Fakten: 189.000 Franzosen kämpften bei der Schlacht bei Wagram gegen 140.000 Österreicher. Letztere hatten auf dem gleichnamigen Höhenzug acht bis zehn Meter über dem Rußbach einen Vorteil gegenüber den Franzosen, die sich im Abwehrfeuer durch das sumpfige Gebiet vorankämpfen mussten. Insgesamt hätten nach Dokumentationen des militärwissenschaftlichen Instituts des Heeresgeschichtlichen Museums Wien 12.732 Soldaten in der Schlacht bei Wagram ihr Leben verloren, erzählt Heinrich Friess, Kustos des Napoleon- und Heimatmuseums. Was das Sterben anging, gab es keinen Sieger.

Seinem Gegner zollte Napoleon höchstes Lob, indem er Erzherzog Carl von Österreich den großen Adler und das Kreuz der Ehrenlegion sandte: „Das eine ist eine Huldigung für Ihr Genie, das andere für Ihre seltene Tapferkeit als Soldat." Sein Hauptquartier hatte Erzherzog Carl übrigens in diesem heute nach ihm benannten Haus. Neben dem Napoleon-Museum beherbergt es einen Gedenkraum für das k. u. k. Infanterieregiment Nr. 42, dessen blaue Uniformen heute vom Blasorchester der Musikschule Deutsch-Wagram getragen werden. In einer Vitrine liegt eine Originaluniform aus dem Nachlass von Hauptmann Georg Wilhelm von Braunschweig-Lüneburg (1880–1912), dem ältesten Sohn von Herzog Ernst August von Hannover (1845–1923), der bei einem Autounfall ums Leben kam.

Im **Heimatmuseum**, zu dem man durch den Hof des Erzherzog-Carl-Hauses gelangt, ist das letzte Paar Schuhe zu sehen, das der Schustermeister Josef Krbetz 1987 von Hand anfertigte, wie Heinrich Friess von dessen Tochter weiß. Auf der Fensterbank der kleinen Werkstatt stehen mehrere Paar Babyschuhe, in einem Regal liegen hölzerne Leisten, über die schon lange kein Schuhschaft mehr gezogen wird. Und auch die Herdstelle gegenüber ist längst kalt. Doch in welchen Rohren das Feuer einst geglüht hat, davon erzählt das Heimat- und Napoleon-Museum Deutsch-Wagram viele Geschichten.

Napoleon- und Heimatmuseum
Deutsch-Wagram

Napoleonrundweg Lobau

Auf Napoleons Spuren durchs Marchfeld

Start: Bahnhof Siebenbrunn-Leopoldsdorf
Ziel: Bahnhof Deutsch-Wagram
Karte: Wander-, Rad- und Freizeitkarte WK 013
Länge: ca. 22 km
Route: Am Bahnhof nördlich der Schienen Richtung Osten, hinter dem P+R-Parkplatz links in einen Wiesenweg zwischen Bahn und Gewächshäusern. Hinter den Glashäusern links bis zur Kreuzung mit dem Wienerweg, rechts nach Untersiebenbrunn. Vor der Ortsdurchfahrt links in die Wassergasse, hinter dem Ort Schotterweg parallel zur L2 vorbei am Franzosenfriedhof nach Obersiebenbrunn. Links in die Hauptstraße und vorbei am Schloss Obersiebenbrunn (1809 Feldlazarett der Franzosen) weiter auf der L2 Richtung Markgrafneusiedl. Bei der Kreuzung mit dem Radwanderweg 5 links in Richtung Kläranlage, weiter auf dem Marchfeldkanal-Radweg nach Deutsch-Wagram. Im Ort durch Sachsenklemme, Franz-Mair-Straße und Erzherzog-Carl-Straße zum Museum, zurück zur Kirche. Dem City-Radweg bis zur Bellegardegasse folgen, links zum Bahnhof Deutsch-Wagram.

Napoleonrundweg Lobau

Start/Ziel: Bushaltestelle Wien-Lobgrundstraße
Karte: Napoleon-Rundwanderweg
Länge: 11 km
Route: Lobgrundstraße zum Gedenkstein für den Brückenkopf der Franzosen (an der Einfahrt zum OMV-Tanklager), dann links hinunter zum Parkplatz. Hinter dem Parkplatz rechts und wieder rechts auf den Weg parallel zum Bahngleis. An der Weggabelung links und fortan der Ausschilderung „Panozzalacke Napoleonrundweg" über die Vorwerkstraße zum Forsthaus, zu den Gedenksteinen für den Friedhof, zum Pulvermagazin der Franzosen (Stichwege) und zum Schneibergkreuz folgen. Rechts durch den Wald zum Kompostwerk der Stadt Wien, wo sich am Bahngleis der Rundweg schließt. Über den Parkplatz zurück zur Bushaltestelle.

Heimatmuseen

Heimat- und Napoleonmuseum Deutsch-Wagram
Erzherzog-Carl-Straße 1
2232 Deutsch-Wagram
www.wagram1809.at
Geöffnet Mitte März bis Ende Nov., So. & Feiertag 10–16 Uhr.

Heimatmuseum Groß-Enzersdorf
Rathausstraße 5
2301 Groß-Enzersdorf
www.gross-enzersdorf.gv.at
Geöffnet nach tel. Vereinbarung.

Heimatmuseum Leopoldsdorf
Bahnstraße 29
2285 Leopoldsdorf
www.leopoldsdorf.net
Geöffnet So. & Feiertag, 9–19 Uhr.

Heimatmuseum Marchegg
Schlosspark
2293 Marchegg
www.marchegg-heimatmuseum.at
Geöffnet Apr. bis Okt., Sa., So. & Feiertag 14–17 Uhr.

Heimatmuseum Strasshof
Kulturhaus Strasshof
Bahnhofsplatz 22
2231 Strasshof
www.strasshofandernordbahn.at
Geöffnet So. & Feiertag 13–17 Uhr.

Historisch-Archäologisches Museum Markgrafneusiedl
Museumsstraße 1
2282 Markgrafneusiedl
www.oeab.at/museum-markgrafneusiedl
Geöffnet nach Vereinbarung.

museumORTH
Schlossplatz 1
2304 Orth an der Donau
www.museum-orth.at
Geöffnet März bis Sept. tägl. 9–18 Uhr, Okt. 9–17 Uhr.

Bauernmuseum Haringsee
Untere Hauptstraße 5
2286 Haringsee
www.haringsee.at
Nach Voranmeldung beim Gemeindeamt.

Feuerspeiende Dampfrösser auf Jungfernfahrt

Es waren nicht nur das mächtige, pechschwarze Äußere und das laute Schnauben, womit die ersten Dampfrösser in Österreich den Menschen Angst machten. Es waren vor allem die Funken, welche aus den Schornsteinen flogen, die Kleidung der wagemutigen Reisenden versengten und schlimmstenfalls Wälder und Dörfer anzündeten.
Als am 23. November 1837 zwischen Floridsdorf und Deutsch-Wagram die **erste Dampfeisenbahnstrecke Österreichs** eröffnet wurde, heizte man die Lokomotiven noch mit Holz, einer im Vergleich zu Kohle schwer verdaulichen Nahrung. Um die Schäden durch den Funkenflug möglichst gering zu halten, wurde die Strecke der ehemaligen **Kaiser Ferdinands-Nordbahn,** heute schlicht **Nordbahn** genannt, in respektvollem Abstand zu den Dörfern verlegt. Und der Betrieb wurde jenen überlassen, die damals als Einzige etwas davon verstanden: Sowohl die Dampfloks als auch der bedeutendste Teil der Schienen und das technische Personal kamen aus England. Auf den Import konnte man erst verzichten, nachdem 1839 in Wien und 1842 in Wiener Neustadt die ersten **Lokomotivfabriken** eröffnet und österreichische Lokführer ausgebildet worden waren. Von nun an ging es zügig voran. Die „k. k. priv. österreichisch-ungarische Staatseisenbahn-Gesellschaft" eröffnete 1870 die **Marchegger Ostbahn,** die viele Jahrzehnte lang die Hauptverbindung Wien–Pressburg–Budapest darstellte und auch vom Orientexpress benutzt wurde. Seitdem verläuft der längste völlig gerade Schienenweg Österreichs quer durch das Marchfeld. Seiner Bedeutung gemäß wird er rund 150 Jahre nach seiner Eröffnung zweigleisig ausgebaut und elektrifiziert werden.
Seit 2002 leider eingestellt ist der Verkehr auf jenem Zweig der Marchegger Ostbahn, dessen Errichtung mit der Eröffnung der Zuckerfabrik Leopoldsdorf 1902 vom Niederösterreichischen Landtag beschlossen wurde und wenige Jahre später in Betrieb ging. In Breitstetten hatte die Lokalbahn von Siebenbrunn nach Engelhartstetten noch eine Abzweigung nach Orth an der Donau, auf der aber von 1938 an nur noch Güterzüge fuhren.
Die letzte in Österreich gebaute dampfangetriebene Maschine, eine ÖMV-Dampfspeicherlok aus dem Jahr 1973, aber auch viele Fahrzeuge aus der Zeit der k. k. Privilegierten Südbahn-Gesellschaft, der k. k. Staatsbahnen und der Österreichischen Bundesbahnen zeigt das **Eisenbahnmuseum Strasshof.** Während der Dampfbetriebstage kann man auf einigen Lokomotiven mitfahren und sie beim Kohlenaufzug und bei

Feuerspeiende Dampfrösser auf Jungfernfahrt

Ankunft des Dampfwagenzuges in Deutsch-Wagram (Lithografie Josef Folwarczny, um 1840)

den Wasserkränen beobachten. Andere Dampfrösser rühren sich nicht mehr fort aus der riesigen, nach Ruß und Maschinenöl riechenden Stahlbetonhalle, die in den 1940er-Jahren über zehn Gleisen erbaut wurde und heute unter Denkmalschutz steht.

Während das Gelände der ehem. Zugförderungsstelle Silberwald, auf dem das Eisenbahnmuseum Strasshof diverse Dampfrösser und ihre Nachfolger sowie eine Gartenbahn und Modellbahnanlagen präsentiert, mit 85.000 Quadratmetern riesig ist, beschränkt sich der zweite Ort, an dem an die Eisenbahngeschichte des Marchfelds erinnert wird, auf ein Häuschen am historisch bedeutsamen Bahnhof Deutsch-Wagram.

Mit Volldampf ins Vergnügen: Eisenbahnmuseum Deutsch-Wagram

Eine Karte von Österreich-Ungarns Eisenbahnnetz aus dem Jahr 1903, die Ernennungsurkunde „im Namen des Führers" von Josef Zeug zum Weichenmeister, ein 1920 aufgenommenes Foto der Verschubpartie am Bahnhof Deutsch-Wagram: Das sind nur drei Exponate des **Eisenbahnmuseums Deutsch-Wagram,** die an die Anfänge des Bahnverkehrs in Österreich erinnern. Viel Ausstellungsraum bietet das Fachwerkhäuschen neben dem Bahnhofsgebäude zwar nicht, doch dafür erzählt auch das Gebäude selbst eine spannende Geschichte: 1908 als sogenannter Arbeiterwartesaal errichtet, geht man noch heute von der Eingangstür an der Bahnhofstraße zunächst zur Kasse in der rechten Ecke, wo die Pas-

Vor dem Eisenbahnmuseum in Deutsch-Wagram

sagiere schon damals ihre Fahrscheine dritter Klasse erwarben.

Die Tür, durch welche die Wartenden früher auf der anderen Seite des Häuschen hinaustraten, sobald der Zug am Bahnsteig einfuhr, ist heute allerdings verschlossen. Die Modellbahnanlage davor zeigt den Bahnhof Deutsch-Wagram im Jahr 1987, also noch vor der Modernisierung. Es war ein besonderes Jahr in der Geschichte des Bahnhofs, des Ortes, ganz Österreichs und der Eisenbahn überhaupt: 150 Jahre zuvor war die erste Dampfeisenbahn im damaligen Kaisertum von Floridsdorf nach Deutsch-Wagram gefahren – und zwar zunächst noch als Vergnügungsbahn: Rund 150.000 Fahrgäste lockte die Rauch spuckende Attraktion allein innerhalb der ersten zwei Monate an.

Aus Angst davor, dass die Funken aus der Lok die reetgedeckten Dächer der Bauernhäuser in Brand setzen könnten, war der Bahnhof rund 1,5 Kilometer vom damaligen kleinen Angerdorf entfernt gebaut worden. An den rußenden Zug erinnert auch das farbige Graffito am Haus schräg gegenüber vom Museum, wo am 22. November 1837 das Caféhaus Mayer eröffnet wurde. Bevor sie mit dem englischen Lokomotivführer und dem ebenfalls englischen Heizer wieder zurück nach Floridsdorf dampften, wollten all die hungrigen Fahrgäste schließlich bewirtet werden. Von ihnen lebte auch die **Gastwirtschaft Weissenberger,** das erste Bahnhofsrestaurant Österreichs. Doch als die Station Wagram etwa 15 Monate nach der Eröffnung nicht mehr Endpunkt der Kaiser-Ferdinands-Nordbahn war, sei mit den Lustfahrten der Strom der Gäste versiegt und die Bahnhofswirtschaft wieder abgerissen worden, erklärt

Rudolf Rossak, Kustos des Eisenbahnmuseums.
Die schnurgerade Strecke durch das Marchfeld folgte nun wirtschaftlichen Interessen: Mit der Bahnlinie sollten die nordmährischen Eisen- und Kohlevorkommen und die Salzminen von südlich von Krakau an Wien angeschlossen werden. Zwar wurde mit Salomon Rothschild ein solventer Förderer gewonnen, doch Kaiser Franz I. lehnte das Projekt ab. Erst nach seinem Tod war der Schienenweg frei. Als Dank für das Privileg, eine Dampfeisenbahn zwischen Wien und der polnischen Stadt Bochnia zu errichten, schlug Rothschild als Namen Kaiser Ferdinands-Nordbahn vor.
Heute stehen die schweren Karbidlampen, mit denen früher die Züge beleuchtet wurden, auf dem Boden des einstigen Arbeiterwartesaals. Von der Decke hängt ein mächtiger Luster aus einem Hotel, das für die Weltausstellung 1873 in Wien vis-à-vis vom Nordbahnhof gebaut worden war. Uniformen, Epauletten, Zweispitze und Degen sind Relikte einer Zeit, in der die Eisen-

Die schnurgerade Bahnstrecke heute

bahn noch militärisch geführt wurde. Und eine Dampflok, die in den Deckel einer Taschenuhr eingraviert ist, erzählt davon, dass sich manch reicher Finanzier wohl damit geschmückt haben mag, den Zug in ein industrialisiertes Zeitalter mit ein paar Schaufeln Kohle voranzutreiben.

Eisenbahn- und Dampfmaschinenmuseen

Eisenbahnmuseum Deutsch-Wagram
Am Bahnhof
2232 Deutsch-Wagram
www.erste-eisenbahn.at
Geöffnet Apr. bis Okt. jeden 1. & 3. So. im Monat, 10–16 Uhr.

Eisenbahnmuseum Heizhaus Strasshof
Sillerstraße 123
2231 Strasshof
www.eisenbahnmuseum-heizhaus.com

Geöffnet Apr. bis Okt. Di. bis So. sowie Feiertag 10–16 Uhr, im Winter eingeschränkt.

Dampfmaschinenmuseum Breitstetten
Leopoldsdorferstraße 18
2285 Breitstetten
www.dampfmaschinen-museum.at
Geöffnet Apr. bis Okt. Sa. & So. 9–18 Uhr.

Schlaraffenland für Gemüsefans

Zwischen Wien und Bratislava fahren Landwirte reiche Ernte ein: Neben traditionellen Feldfrüchten schießen Hightech-Windräder in die Höhe und der edle Marchfeldspargel bekommt durch Gourmetartischocken und Bioknoblauch Konkurrenz.

Von A wie Artischocke über W wie Windrad bis Z wie Zwiebel

Wo sich Felder bis zum Horizont erstrecken, liegt unverkennbar eines der **landwirtschaftlichen Hauptproduktionsgebiete** des Landes: Drei Viertel des Marchfelds werden landwirtschaftlich genutzt, womit die Region ganz vorn in Österreich liegt. Ein großer Teil der Ernte wird direkt vor Ort verpackt und vermarktet, zum Beispiel bei der Marchfeldgemüse GmbH in Raasdorf, oder auch weiterverarbeitet, zum Beispiel zu Tiefkühlgemüse der Marke Iglo bei der Ardo Austria Frost in Groß-Enzersdorf. Eine lange Tradition hat die Agrana Zuckerfabrik in Leopoldsdorf, die 1901 gegründet wurde und Rüben aus dem Marchfeld, dem Wiener Becken und dem Burgenland zu Zucker verarbeitet. Inmitten der Gemüse- und Getreidefelder stehen aber auch immer mehr jener stämmigen Riesen, die nicht dank der Nährstoffe aus den Schwarzerdeböden so in die Höhe gewachsen sind, sondern nur den Wind benötigen, der die Ebene meist kräftig durchbläst: **Windräder** bilden mittlerweile große Parks in der Region. So umfasst der 2012 eröffnete Windpark bei Glinzendorf neun, der 2015 eröffnete Windpark Marchfeld Mitte zwischen Untersiebenbrunn und Leopoldsdorf sogar 14 Windräder. Dabei werden diese immer größer: Waren die fünf Anlagen, die im Jahr 2000 als Windpark Gänserndorf-West aufgestellt wurden, noch 68 Meter hoch und hatten eine Leistung von je 1,3 Megawatt im Jahr, sind jene Windräder, die 15 Jahre später aufgestellt wurden, etwa 100 Meter höher und können mit jeweils etwa 3 Megawatt Leistung den jährlichen Bedarf von 2000 Haushalten decken. Stromversorger wie Wien Energie oder die Firmengruppe „WindLandKraft" mit Sitz in Untersiebenbrunn werben damit, sauberen Strom aus erneuerbarer Energie zu erzeugen, und die Gemeinden des Marchfelds begrüßen das Geld, das der Wind in ihre Kassen weht, während Anwohner gesundheitliche Risiken durch Infraschall, also tiefe Töne unterhalb der menschlichen Hörschwelle, und einen Verfall der Grundstückspreise befürchten. Das Land Niederösterreich, das seinen Energiebedarf ursprünglich bis 2015 aus erneuerbaren Quellen decken wollte, hat die Baumöglichkeit für Windräder mittlerweile auf 1,5 Prozent seiner Fläche begrenzt, wobei das Marchfeld neben dem Wiener Becken und einem Streifen im mittleren Waldviertel zu den Teilen Niederösterreichs gehört, in denen Windkraft konzentriert genutzt werden soll. Weniger Konflikte rufen die herkömmlichen Pflanzen hervor, die im Marchfeld

Windräder bei Raasdorf

Hofladen der Familie Magoschitz, Mannsdorf

angebaut werden. Revolutionen spielen sich in diesem Bereich eher leise, wenn auch nicht unbemerkt ab. Dominierte früher die gemischte Vieh- und Landwirtschaft, konzentriert man sich zunehmend auf den **spezialisierten Feldbau.** Durch ständige Forschung und Weiterentwicklung von Saatgut, Bodenpflege, Bewässerung, Düngung, Bearbeitungs- und Erntetechnik bringen die Feldfrüchte zudem höhere Qualität und Hektarerträge. Und der Trend zum **biologischen Landbau** hat neue Märkte eröffnet.

Kaum ein Gemüse, kaum ein Obst, das heute nicht in dem kalk- und magnesiumreichen Schwarzerdeboden und im milden Klima des Marchfelds angebaut wird. Gurken, Kraut, Spinat, Zwiebeln, Grünerbsen und Kartoffeln verdrängten zuerst das Getreide, das bis zum 19. Jahrhundert die Felder dominierte. Heute wachsen mehr als **60 Gemüsearten** im Marchfeld, darunter Schnittbohnen, Zuckermais, Salate, Knoblauch und Artischocken. Und auch mit dem **Obst** aus dem Marchfeld kommt Vielfalt auf den Tisch: Neben Äpfeln, Birnen, Marillen, Pfirsichen, Kirschen und Zwetschken werden Erdbeeren, Himbeeren und Aroniabeeren gepflückt.

Süßkartoffeln allerdings werden bislang nur im Burgenland erfolgreich im Freiland angebaut. Aber vielleicht wandert diese ursprünglich tropische Pflanze ja bald noch ein Stück weiter Richtung Norden. Erfolgreiche Vorbilder gibt es genug: Der **Gemüsespargel** etwa, bei den alten Ägyptern als „Götterspeise" gefeiert und im antiken Rom als Delikatesse geschätzt, wird seit Ende des 19. Jahrhunderts im Marchfeld angebaut und hat die Region unter der mittlerweile von der EU geschützten geografischen Bezeichnung bekannt gemacht.

Unterirdisch gut: Marchfeldspargel

Als **Werner Magoschitz** 1975 seine ersten Spargelpflanzen ins Marchfeld setzte, war das Edelgemüse nicht sonderlich populär. Nach dem Zweiten Weltkrieg sollte die Anbaufläche im Kampf gegen den Hunger für Kartoffeln frei bleiben und der Spargel hatte buchstäblich an Boden verloren. Doch weil ihn ein Nachbar im Garten anbaute, wurde der damals 17-jährige Sohn eines Landwirts, der bei der Saatzucht Probstdorf arbeitete, auf das Edelgemüse aufmerksam, zog aus den Samen 500 Pflanzen und setzte sie ein.

Das Liliengewächs gedieh prächtig, die Nachfrage allerdings blieb zunächst spärlich: Nur ein paar Deutsche, die in Wien bei der UNO arbeiteten, hätten ihm etwas von der Ernte abgekauft, erinnert sich Magoschitz. Doch der Spargelpionier war längst selbst auf den Geschmack gekommen und wurde zu einem der größten Spargelproduzenten des Landes.

Wenn Anfang April die Saison beginnt, gehen die Spargelstecher bis zu zweimal täglich aufs Feld, um die Folien zu lupfen, dort zu stechen, wo sich die Erde aufwölbt, und den Boden danach sofort wieder abzudecken. Die Stangen werden in einen Korb gelegt, der ebenfalls mit einer Plane abgedeckt ist, und so schnell wie möglich auf den Hof transportiert. Je weniger Licht auf das Gemüse fällt, desto weißer bleibt es. Zwar verdirbt eine Violettfärbung durch den Farbstoff Anthocyan den Spargel nicht – im Gegenteil, er schmecke dann intensiver und sei nährstoffreicher, sagt Werner Magoschitz: „Aber der Markt verlangt von uns einen weißen Spargel."

Statt wie einst von Hand zu waschen und zu sortieren, übernehmen heute auf seinem Hof Maschinen diese Arbeiten. Eine Kamera fotografiert jede Spargelstange sechs Mal, der Computer sortiert sie nach Durchmesser, Farbe, Krümmung und Kopfform. Ein Drehmesser kürzt alle Stangen auf eine einheitliche Länge von 22 Zentimetern, dann werden sie für etwa eine Stunde in einem Wasserbecken auf vier Grad Celsius heruntergekühlt. „So wird der Stoffwechsel unterbrochen und verhindert, dass sich der Spargelkopf violett verfärbt", erklärt Werner Magoschitz. Bevor die Kisten in den Kühlraum geschoben werden, bekommen die Stangen zusätzlich noch eine Schaufel Eis auf die Köpfe geworfen.

Die Portionierung für den Handel übernimmt beim weißen Spargel ebenfalls eine Maschine, während die Manschetten mit dem Aufdruck „Marchfeldspargel" von Hand über die Bündel gestülpt werden. In einem anderen Teil der Halle türmen sich Schalen zu einem Berg auf: Zwei Frauen füttern über Fließbänder eine Schälmaschine mit Spargel, denn

Unterirdisch gut: Marchfeldspargel

Spargelfeld bei Markgrafneusiedl

Marchfeldspargel

zu Magoschitz' Abnehmern gehört neben dem Handel auch die Gastronomie. Während die Arbeiten in der Halle, wo während der Saison rund 40 Menschen beschäftigt sind, noch relativ übersichtlich sind, braucht es mehr als ein paar Stunden Zeit und das Vermittlungstalent von Werner Magoschitz, um hinter die Geheimnisse des Spargelanbaus zu kommen. Ein bisschen Licht ins Dunkel des unterirdischen Geschehens bringen eine Informationstafel und ein Beet im Hof. Jedes Jahr setzt der Landwirt dort einige der Pflanzen ein, die ursprünglich wohl aus Asien stammen und zu Heilzwecken verwendet wurden. An dem Büschel, das er aus der Erde zieht, sind oberhalb der unterarmlangen Wurzeln deutlich die Augen zu sehen, also jene Stellen, aus denen jene Triebe wuchsen, die als Spargel bereits auf dem Teller gelandet sind: „Damit die Stangen gerade wachsen, brauchen sie sandige, nährstoffreiche Böden."

Zunächst einmal benötigt jede Pflanze allerdings Zeit, um ihr Wurzelsystem aufzubauen: Wiegt es beim Einsetzen ins Feld nur etwa 70 Gramm, sind es nach einem Jahr 5 Kilo und nach zwei Jahren sogar schon 50 Kilo. Diese Wurzelmasse ist notwendig, damit die Pflanze ab dem dritten Jahr die zweimonatige Erntezeit überlebt: Von April bis Mitte Juni schneiden jährlich etwa 140 Spargelstecher die Assimilationstriebe ab. 3,5 bis 5 Kilo Spargel erntet jeder pro Stunde. „Würden Sie das mit einer anderen Pflanze machen, wäre sie tot", erklärt Magoschitz. Doch zum Glück der Gourmets und der Landwirte ist der Spargel recht unempfindlich.

Nach fünf bis sechs Erntejahren hat die Pflanze allerdings ausgedient, der Spargel schmecke dann trotz eines von

Jahr zu Jahr höheren Erddamms nicht mehr so gut, sagt Werner Magoschitz, der auch noch deftigeres Gemüse wie Kohl und Kraut sowie außerdem Kochsalat, Zuckerrüben, Kürbisse, Saatmais und Getreide anbaut. Auf diesen Feldern wird geerntet, wenn der Spargel sich schon längst wieder regenerieren und seine Triebe ungehindert ins Kraut schießen lassen darf. Dann betrachten die Landwirte auch die **Spargelkäfer** mit Gelassenheit: Wenn die Erntezeit vorbei ist, fressen der Käfer und seine Larve nur noch einen Teil der Blätter und richten so weniger Schaden an.

Aus der Sicht von Werner Magoschitz halten die Spargelbauern im Marchfeld zwei Trümpfe in der Hand: das pannonische Klima und die Möglichkeit zur dosierten Beregnung. Außerdem seien es er und seine Kollegen gewohnt, mit der Vertragslandwirtschaft zu arbeiten: Großkonzerne wie Ardo, der größte Hersteller von Tiefkühlkost in Österreich, sicherten zwar die Abnahme des erzeugten Gemüses, gäben bei Anbau und Ernte aber auch die Regeln vor.

Im Leben der Familie Magoschitz wird der Spargel weiterhin eine Hauptrolle spielen. Wenn der Landwirt auf einem seiner Felder steht und erklärt, warum beim Spargel nur die männlichen Pflanzen verwendet werden, die man an den maiglöckchenartigen Blüten erkennt, ist er in seinem Element. Und obwohl er sich nun schon seit Jahrzehnten mit dem Anbau des edlen Gemüses beschäftigt, macht es ihm immer noch Appetit: „Am liebsten esse ich dünnen grünen Spargel gegrillt."

Marchfeldspargel ab Hof

Aderklaa

Harbich
Aderklaa 5
www.spargel-harbich.at

Iser
Aderklaa 8
www.iser.at

Jöchlinger
Aderklaa 72
www.joechlinger-gemuese.at

Mühl
Aderklaa 23
www.theuringer-spargel.at

Franzensdorf

Unger
Franzensdorf 54
www.spargelunger.at

Gerasdorf

Trimmel
Hauptstraße 101
www.trimmel.cc

Lassee

Manfred Weiß
Obere Hauptstraße 36

Leopoldsdorf

Sulzmann
Hauptstraße 45
www.sulzmann.at

Mannsdorf an der Donau

Fam. Magoschitz
Kirchengasse 1
www.solo-select.at

Sulzmann
Marchfeldstraße 9
www.sulzmann.at

Marchegg

Brandenstein
Gut Markhof 1
www.biospargel.at

Raasdorf

Blatt
Altes Dorf 3
www.marchfeld-spargel.at

Edlinger-Theuringer
Altes Dorf 10
www.edlingers.at

Theuringer
Altes Dorf 4–5
www.theuringer-spargel.at

Made in Marchfeld: Knoblauch

Dass es im Supermarkt fast nur noch Knoblauch aus China zu kaufen gibt, habe ihn schon als Kind geärgert, sagt **Richard Prossenitsch.** Seit 2010 baut er ihn nun selbst an. Frisch und biologisch soll der Knoblauch made in Marchfeld sein. Und seitdem der Landwirt die passenden Maschinen für den Anbau gefunden hat, wachsen die würzigen Knollen nahe seines Hofs in Zwerndorf Jahr für Jahr auf rund drei Hektar.

„Dass der Knoblauch am Ende so schön weiß ist, ist allerdings Handarbeit", erklärt Prossenitsch, der selbst fest in Zwerndorf verwurzelt ist: Schon seine Urgroßmutter hatte in dem kleinen Ort nahe der slowakischen Grenze einen Hof, heute leben mit Richard Prossenitsch, seiner Frau, den beiden Kindern und dem Vater drei Generationen von der Landwirtschaft.

Geändert hat sich allerdings die Art des Anbaus: Getreide, Mais und Gemüse, wie eben den Knoblauch und Grünerbsen, erzeugt die Familie Prossenitsch nun biologisch. Und der Knoblauch wird nicht nur frisch vom Feld, sondern auch verarbeitet verkauft: Als Paste wird er mit Salz haltbar gemacht und ist immer dann zur Hand, wenn gerade kein frischer Knoblauch im Haus ist und einem die Massenware aus China im Supermarkt so wenig schmeckt wie Richard Prossenitsch.

Knoblauchernte

Frischer Knoblauch

Richard Prossenitsch
Bernsteinstraße 22
2295 Zwerndorf
www.marchfelder-bioknoblauch.at

Herzensgut: Artischocken

Mit etwa 650 Einwohnern, deren Häuser rund um einen linsenförmigen Anger stehen, und einem Bahnhof samt Raiffeisen-Lagerhaus in 1,5 Kilometern Entfernung ist Raasdorf ein typischer Marchfeld-Ort. Ringsherum schließen sich schier endlose Felder voller Getreide und Gemüse an und formen einen organischen Patchworkteppich, der von Adern aus Straßen und Feldwegen durchzogen wird.

Seit dem 18. Jahrhundert knüpft **Familie Theuringer** an diesem Teppich mit. Ursprünglich aus Bayern stammend, siedelte sie sich unter Maria Theresia in Raasdorf an. Heute baut sie auf einer Fläche von rund 100 Hektar nicht nur Getreide, Zuckerrüben und Karotten an: „Wann immer ich irgendein Saatgut bekomme, stecke ich es in die Erde", sagt Stephanie Theuringer. Im lauschigen Innenhof, der sich hinter dem Eingangstor der angestammten Adresse Altes Dorf 31 verbirgt, wachsen in Kübeln neben einem Goldfischteich Granatäpfel, Zitronen, Guaven und Kakis. Auf den Feldern außerhalb des Orts hat die junge Landwirtin mit einem Gemüse Erfolg, das eigentlich im Mittelmeerraum beheimatet ist: Artischocken. Weil sie keinen Frost vertragen, setzt Stephanie Theuringer einfach jedes Jahr neue Pflanzen in die Erde des Marchfelds, was einen Vorteil hat: „Die Knospen sind dann am schönsten." Und das in ihnen verborgene weiche Herz lässt schließlich das jedes Gemüsefreundes höher schlagen.

In der nährstoffreichen Ebene zwischen Bratislava und Wien, die bei Trockenheit bewässert werden kann, sind die Bedingungen für den einjährigen Anbau optimal. „Obwohl Artischocken distelartige Pflanzen sind, brauchen sie deutlich mehr Wasser als Disteln und außerdem viele Nährstoffe", erklärt Stephanie Theuringer. Währt die Hitze im Marchfeld zu lang, ermüden die Pflanzen allerdings schnell. Jenem Nachfrageschub nach den Sommerferien, der daher rührt, dass im heißen Italien grundsätzlich nur im Winter und im Frühling geerntet wird, kann dann auch Stephanie Theuringer nicht mehr gerecht werden. Denn Artischocken lassen sich ohne Qualitätsverlust maximal eine Woche lagern.

Drei bis vier Knospen entwickelt jede der etwa 25.000 Pflanzen, die Stephanie Theuringer zwischen Mitte April und Mitte Mai setzen lässt. Geerntet wird je nach Wetter von Mitte Juli bis Mitte Oktober von Hand, was Erfahrung voraussetzt. „Am Anfang habe ich den Feldarbeitern gesagt, sie sollen die schönsten Knospen abschneiden", erzählt sie. „Doch ich habe schnell gemerkt, dass jeder etwas anderes unter ‚schön' versteht." Erntet man zu spät, bildet sich im Inneren der Artischocken zu viel von

Herzensgut: Artischocken

Stephanie Theuringer am Feld

Artischocken in der Pfanne

dem sogenannten Heu, einem wolligen, ungenießbaren Gewebe, aus dem sich die prächtige, kräftig lilafarbene Blüte entwickelt. Für Gourmets ist die Artischocke dann zwar verloren, als Augenschmaus aber ziert sie die Tische so mancher Feier.

Genuss ohne Gnade

Wer Artischocken nicht nur im Restaurant, sondern auch zu Hause essen möchte, lernt bei einem Kochkurs, wie aus den stacheligen Gewächsen zarte Delikatessen werden. „Gnadenlos entfernen" lautet dabei das Motto von Bruno Ciccaglione, der schon als Kind in der heimischen Küche bei der Zubereitung zugeschaut hat. Ein scharfes Messer, Handschuhe und Schürze sind die wichtigsten Hilfsmittel für den Koch und seine Schülerinnen und Schüler, die sich im Hof von Familie Theuringer rund um einen Arbeitstisch versammelt haben. Aus den Wunden, die die Messer den Artischocken zufügen, sickert ein brauner Saft, der hartnäckig an Händen und Kleidung haften bleibt, wenn man Handschuhe und Schürze vergisst. Um an das weiche, gelbliche Innere der Knospe zu gelangen, darf man nicht zimperlich sein: Nach dem großzügigen Entfernen der äußeren Blätter ist noch ein scharfer Schnitt nötig, mit dem die obere Spitze der Knospe gekappt wird. Die auf diese Weise freigelegten Herzen und Blütenböden sollten dann sofort in einer Schüssel mit Zitronenwasser baden gehen, damit sie sich nicht schwarz verfärben. Klein geschnitten, mit Rucola vermengt und mit Zitronensaft, Salz, Minze und Olivenöl angemacht, entsteht ein Salat, in dem die weichen Artischocken bestens mit dem weichen Öl aus Sizilien harmonieren.

Reife Artischocke am Feld

Dass sich neben den Herzen auch die Stiele junger Artischocken essen lassen, ist weniger bekannt. Doch auch hier heißt es, beherzt das Messer schwingen, um unter der holzigen Oberfläche das fast weiße Mark freizulegen. Nach der beinahe chirurgisch anmutenden Vorarbeit werden die Artischockenstiele mit Zitronensaft und Olivenöl zu einer Sauce verarbeitet, die Bruno Ciccaglione mit Tagliatelle anrichtet. Der saure Saft und das Öl sind zudem Begleiter der Marchfelder Feldfrüchte, wenn sie „alla romana" in der Pfanne geschmort und dann mit Saiblingsfilets angerichtet werden. Serviert mit einem Zweigelt vom Weingut Payr aus Höflein-Carnuntum in einem Innenhof voller südländischer Kübelpflanzen, scheint das Mittelmeer an diesem Abend näher zu liegen als das Großstadtmeer. Beim Dessert, einem Artischockensorbet mit Rohrzucker, Minze und natürlich Zitronensaft, ist die Silhouette Wiens am westlichen Horizont von Raasdorf ohnehin schon mit dem Dunkel der Nacht verschmolzen.

Ab-Hof-Verkauf

Aderklaa
Bio-Hof Harbich
Aderklaa 28
www.weidebeef.at

Obstbau Zörnpfennig
Aderklaa 4
www.kartoffel.at

Deutsch-Wagram
Bio-Hof Bona Terra
Franz-Mair-Straße 3
www.bonaterra.at

Hofspezialitäten Böckl
Promenadenweg
www.boeckl.at

Jö's Frucht
Franz-Mair-Straße 11
www.kirschen.at

Marchfeld ab Hof
Erbachstraße 1A
www.marchfeldabhof.at

Herzensgut: Artischocken

Farbenfrohe Deko mit Artischockenblüten

Glinzendorf
Bio-Hof Adamah
Glinzendorf 7
www.adamah.at

Lassee
Sonnenblumen- und
Distelöl Weiss
Untere Hauptstraße 31

Leopoldsdorf
Bio-Imkerei Schwarzmann
Bahnstraße 103

Markgrafneusiedl
Prenner Beerenkultur
Altes Dorf 43
www.prenner.at

Markthof
Brandenstein
Gut Markthof 1
www.biospargel.at

Obersiebenbrunn
Hofladen der Landwirtschaftlichen Fachschule
Feldhofstraße 6
www.lfs-obersiebenbrunn.ac.at/de/hofladen/

Kainz & Mayer Marchfeldtomaten
Wienerweg 2
www.marchfeldtomaten.at

Probstdorf
Die Radls
Hofäckerstraße 19
www.die-radls.at

Raasdorf
Obstbau Harbich
Altes Dorf 20
www.obstbau-harbich.at

Obstkulinarium Pohler
Altes Dorf 12
www.obstkulinarium.at

Theuringer
Altes Dorf 31
www.theuringer.at

Straudorf
Eier und Teigwaren
Nikowitsch
Straudorf 17

Untersiebenbrunn
Marchfelder Storchenbräu
Erste Straße 7
www.bauersbier.at

Zwerndorf
Biohof Bubenicek-Meiberger
Dorfstraße 33
www.biohof-bm.at

Wochenmarkt
Mi. 7–11 Uhr
Hauptplatz
2301 Groß-Enzersdorf

Gemeinsam zum Gemüse

Neben Höfen, die biologischen Anbau betreiben, gibt es im Marchfeld mittlerweile andere Formen alternativer Landwirtschaft. Der **Gärtnerhof Ochsenherz** in Gänserndorf zum Beispiel ist der erste Betrieb in Österreich, auf dem nach dem Prinzip der „community supported agriculture", kurz CSA, gemeinsam gewirtschaftet wird. Das heißt, dass man die Erzeugnisse nicht nur in Form von Gemüsekisten während der Hauptsaison erwerben kann, sondern auch als verbindlicher Abnehmer. Seitdem der Hof 2011 aus der Verbindung Produkt und Preis ausgestiegen ist, beschließen die rund 300 Mitglieder bei ihrer Jahresversammlung das Budget. Mit einem Jahresbeitrag finanziert man dann den Betrieb mit und kann sich dafür einmal wöchentlich bei einem Stand auf dem Wiener Naschmarkt das Gemüse nehmen, das man mag und innerhalb einer Woche verbraucht. Wer möchte, leistet einen Teil seine Jahresbeitrags durch Arbeit auf dem Hof: Einmal in der Woche gibt es einen Mithilfetag.

Mit diesem System wird auch ein relativ kleiner, arbeitsintensiver Biobetrieb wie der Gärtnerhof Ochsenherz mit etwa 11 Hektar Anbaufläche überlebensfähig: „Ich muss mich in meinem Anbau nicht davon leiten lassen, was sind profitable Kulturen, wie schaut der Ertrag von der einen oder anderen Kultur aus", sagt Betriebsleiter Peter Laßnig in einer Filmdokumentation. Für die Zukunft wünschen er und seine Kollegin Lilli Henzl sich noch mehr Kleinbetriebe im Marchfeld, die sich nach dem CSA-Prinzip organisieren, denn davon würden nicht nur die Verbraucher, sondern auch die Mitarbeiter profitieren: „Von der Betriebsseite ist es natürlich ganz super, weil wir wissen, wen wir versorgen und weil wir diese direkte Beziehung haben", meint etwa Stefan Beschorner. „Das macht in der Arbeit eigentlich viel mehr Spaß, als wenn man nicht so genau weiß, wo kommen die Produkte hin oder werden sie dann vielleicht doch entsorgt."

Ochsenherz Gärtnerhof
Fuchsenwaldstraße 90
2230 Gänserndorf-Süd
www.ochsenherz.at

Aus der Region auf den Wirtshaustisch

Wer Thunfischtartar an Kürbiscreme, Sashimi vom Wolfsbarsch oder ähnliche Gaumenkitzel sucht, wird im Marchfeld mittlerweile nicht mehr so leicht fündig werden. Mit dem Zusperren der Taverne am Sachsengang, dem Haubenlokal am Ende des Donau-Oder-Kanals in Groß-Enzersdorf, ist 2014 das kulinarische Flaggschiff der Region untergegangen und auch das nebenan liegende, von derselben Privatstiftung geführte Hotel wurde 2015 geschlossen. Wer jedoch dort tafeln möchte, wo vor ihm schon Adelige und Geldadelige aus der ganzen Welt eingekehrt sind, findet im **Marchfelderhof** in Deutsch-Wagram ein zumindest atmosphärisch wahrhaft einzigartiges Gasthaus vor: Vor der Tür umgrenzt ein schwarz-goldenes, wappenverziertes Lanzengitter „das kleinste Spargelfeld der Welt", an der Fassade erinnern Tafeln an Besuche von Johannes Heesters und Elizabeth Taylor und aufgetürmte Kanonenkugeln an die Schlacht bei Wagram 1809. Wer meint, dass die Dekoration draußen schon überladen ist, hat das vor Bildern, Teppichen, Lampen und Nippes strotzende Innere noch nicht gesehen.

Nicht nur im Marchfelderhof, auch in anderen Gasthöfen der Region stehen im Frühling Spargel und im Herbst Kürbis, Wild und Gansl auf der Speisekarte.

Wie das **Gasthaus zur Zuckerfabrik** in Leopoldsdorf versprechen auch andere Wirte Qualität durch regionale Produkte aus der Genussregion Marchfeld. Das **Gasthaus Paulesits** in Mannsdorf an der Donau etwa bezieht das Fleisch für seine Rehfilets, Hirschschlögl und Wildschweinbraten „direkt aus der Region" und beim **Heurigen Zum Rosengartl** in Eckartsau wird Jungweiderind aus dem Nationalpark Donau-Auen serviert.

Weydenburger mit Storchenbräu

Über dem dunklen Holztisch hängt eine alte Lampe aus Hirschgeweih, auf einer Schiefertafel wird mit weißer Kreide ein Achtel St. Laurent angeboten. Vieles im **Weydner Wirtshaus** ist, wie es immer war, seit Ignaz Kirchner dort 1906 das erste Bier ausgeschenkt hat. Doch seitdem die Familie Neduchal das Eckhaus in Oberweiden 2010 übernommen und behutsam renoviert hat, schwebt die Tradition mit Leichtigkeit durch die hellen Räume. Selbst im Waschraum, wo ein nostalgischer Waschtisch samt Schüssel, Krügen und Spiegel neben moderner Sanitärkeramik steht, begleitet das Alte das Moderne ganz selbstverständlich.

Die ebenso engagierte wie herzliche Wirtin, die der Liebe wegen vom

... in Oberweiden

Marchfelder Spezialitäten

Bodensee ins Marchfeld gezogen ist, hat das Weydner Wirtshaus wieder zu einem beliebten Treffpunkt in der Gemeinde gemacht. Zusammen mit ihrem Ehemann, dem Weidener Bürgermeister Franz Neduchal, führt Isabel Neduchal nicht nur das Gasthaus, sondern auch einen Biobauernhof. Dass regionale Produkte auf die Holztische kommen, ist für sie selbstverständlich: „Wir haben ja fast alles hier im Marchfeld." Ebenso, dass saisonal gekocht wird und die Karte deshalb eher klein ist, die Gerichte aber häufig wechseln. Zu den Eigenkreationen des Hauses gehört etwa der „Weydenburger" mit Rinderfaschiertem, Gewürzgurke, Räucherspeck, cremigem Eissalat, Bergkäse, Jalapeños (kleinen scharfen Paprikas) und Braterdäpfeln, der auch in einer Veggie-Variante mit Erdäpfel-Gemüselaibchen bestellt werden kann. Wer danach noch ein Dessert unterbringt, darf sich an einer hausgemachten Mehlspeise erfreuen. Pils, Weizenbier und Limonadenkracherl bezieht die Wirtin vom Marchfelder Storchenbräu in Untersiebenbrunn und damit quasi von nebenan.

Aber Erzeugnisse aus der Region landen nicht nur auf den Tischen des Weydner Wirtshauses. Unter dem Namen Mitzirella bietet die aus Gänserndorf stammende Köchin Maria Barelli ihre Marmeladen, Chutneys und Pestos in den Holzfächern neben der Eingangstür an. Daneben warten Gläser mit Honig des Oberweidener Imkers Otto Lang, Knoblauchpaste von Richard Prossenitsch aus Zwerndorf oder Kirschenmarmelade vom Biohof Hodits auf all jene, die Spezialitäten aus dem Marchfeld auch zu Hause genießen möchten.

Aus der Region auf den Wirtshaustisch

Marchfelderhof in Deutsch-Wagram

Fischburger mit Jazz

„Die Welt dreht sich, und das **3er Wirtshaus** ist ihr Mittelpunkt", heißt es auf der Website jener ehemaligen Sandbaggergarage in Zwerndorf am östlichen Rand des Marchfelds, in der 1968 das dritte Wirtshaus des Orts eröffnet wurde. Nachdem man seinen Vater nach einem Magendurchbruch aus dem Wirtshaus getragen habe, erbte Josef „Pepi" Helm die ehemalige Bauhütte samt der Pachtverträge für die beiden Fischteiche. Und samt der Gäste, „Zuhälter und ausdauernde Kroaten", mit denen der Vater nächtelang geschnapst habe.

Weil man mit ihm nicht schnapsen könne, habe er versucht, die Kundschaft mit einem anspruchsvollen Kulturprogramm zu vergraulen, behauptet Pepi Helm. Aber weder mit hochkarätigem Jazz von „The Zawinul Syndicat" noch mit Punkrock oder Theater sei das bislang gelungen. Angekündigt werden die Veranstaltungen auf ebenfalls künstlerisch ambitionierten Plakaten. „Die ganze Zeit wird wer Gitarre spielen oder singen bis zum Schluss", hieß es etwa auf einem Plakat zum „Holzfest", bei dem der Wirt Fischburger servierte.

Eine andere Spezialität im 3er Wirtshaus sind Wildgerichte: „Ich erinnere mich, wie ich Mitte der 80er-Jahre zu kochen anfing. Bald gab es ein heftiges Medieninteresse. Das schränkte meine Lust zu kochen wieder ein. Heute bin ich über jeden Gast froh, der nicht bei mir isst", sagt Pepi Helm in einem Interview.

Das Publikum nimmt derlei Äußerungen offenbar nicht ernst. Es wird sich wohl weiterhin zum Musikhören oder nur zum Trinken, Essen, Schnapsen und Tarockieren im 3er Wirtshaus einfinden.

Gasthöfe & Restaurants

Deutsch-Wagram
Marchfelder Hof
Bockfließerstraße 31
www.marchfelderhof.at

Restaurant Seinerzeit
Gänserndorfer Straße 60
www.restaurant-seinerzeit.at

Eckartsau
Heuriger Zum Rosengartl
Obere Hauptstraße 20
www.zum-rosengartl.at

Gänserndorf
Gasthof Prager
Hauptstraße 11
www.gasthofprager.at

Geiers Gambrinus
Hans-Kudlich-Gasse 28
www.geiers-gambrinus.at

Glinzendorf
Gasthaus Prosser
Glinzendorf 32
www.prosserwirt.at

Groß-Enzersdorf
Gasthaus Lindmaier
Hauptplatz 12
www.lindmaier.at

Gasthof Ludl
Rathausstraße 9
www.ludl.at

Leopoldsdorf
Gasthof List
Hauptstraße 10
www.gasthoflist.at

Gasthaus zur Zuckerfabrik
Bahnstraße 110
www.gzzf.at

Mannsdorf an der Donau
Gasthaus Paulesits
Marchfeldstraße 66
www.gasthaus-paulesits.at

Marchegg
Landgasthof Nagl-Hager
Hauptstraße 30
www.landgasthaus-nagl-hager.at

Schlossgasthof Marchegg
Hauptplatz 5
www.schlossgasthof.eu

Oberhausen
Schnitzlwirt
Dorfstraße 58
www.schnitzlwirtshaus.at

Oberweiden
Weydner Wirtshaus
Schönfelder Straße 2
www.weydner-wirtshaus.at

Orth an der Donau
Gasthaus Binder
Jägergrund 2
www.gasthaus-binder.at

Gasthaus Zum Schauhuber
Am Markt 1
www.zum-schauhuber.at

Hotel-Restaurant Danubius
Am Markt 6/4
www.hotel-danubius.at

Humers Uferhaus
Uferstraße 20
www.uferhaus.at

Raasdorf
Gasthof Mayer
Altes Dorf 42
www.gasthof-mayer.at

Schlosshof
Gasthof Prinz Eugen
Prinz-Eugen-Straße 1
www.gasthofprinzeugen.at

Stopfenreuth
Forsthaus Stopfenreuth
Uferstraße 1
www.otmar-weber.at

Strasshof
Landgasthof Föhrenhof
Hauptstraße 209
www.foehrenhof.at

Zwerndorf
3er Wirtshaus
Zwerndorf 7
www.facebook.com
→ 3erwirtshaus

Aus der Region auf den Wirtshaustisch

Der Rw5 führt einmal quer durchs Marchfeld.

Durch die Felder

Start: Bahnhof Gänserndorf
Ziel: Bahnhof Haslau
Länge: ca. 35 km
Karte: Radkarte Römerland Carnuntum – Marchfeld & Region Bratislava oder Wander-, Rad- und Freizeitkarte WK 013
Route: Vom Bahnhof Gänserndorf auf der Nordbahnstraße Richtung Westen, am Kreisverkehr links in die Strassergasse, links in die Wiener Straße, rechts in die Villagasse und dem Rw5 über Gänserndorf Süd, Gut Siehdichfür, die Kläranlage östlich von Markgrafneusiedl, den Marchfeldkanal, Glinzendorf, Rutzendorf, Franzensdorf und Andlersdorf nach Orth an der Donau folgen. In Orth hinter dem Schloss rechts und auf der Uferstraße bis zur Donau, mit der Fähre übersetzen, am Südufer wenige Hundert Meter rechts Richtung Wien, dann links hinauf nach Haslau und mithilfe der Ausschilderung „Nationalpark Tour Donau-Auen" durch den Ort zum Bahnhof.

Bauerndörfer, Mauerstädte, Pendlerorte

Zwischen Wien und Bratislava wurde so manches Dorf zur Stadt: Während Orte wie Deutsch-Wagram und Gänserndorf auf den Zug der Zeit aufsprangen, verweilen andere wie eh und je im Schutz von Stadtmauern und Wehrkirchen.

Deutsch-Wagram: Zug um Zug Richtung Gegenwart

Wer am Bahnhof Deutsch-Wagram aussteigt, muss den Weg Richtung Zentrum erst suchen. Begründet ist das in Geschichte und Gegenwart dieser Stadtgemeinde, die mit Groß-Enzersdorf, Gänserndorf und Strasshof zu den vier bevölkerungsreichsten des Marchfelds zählt: Weil die Bauern des alten **Angerdorfs** Angst hatten, dass die fliegenden Funken der Dampflokomotiven die Dächer ihrer Häuser in Brand setzen könnten, wurde der Bahnhof 1837 in sicherem Abstand zum historischen Ortskern gebaut. Mit der Eisenbahn aber kamen in kurzer Zeit viele Menschen nach Deutsch-Wagram: 1500 Arbeiter wollten in zahllosen Baracken untergebracht und verpflegt werden, sodass der Ort förmlich explodierte und dabei den historischen Kern an die Peripherie schleuderte.

Auf dem autofreien Abschnitt der **„City-Route"**, die parallel zur stark befahrenen Hauptstraße verläuft, verteilen sich heute locker einige Schulen, die Musikschule, die Bücherei, die Bank, Cafés und sogar ein Kino. Zwar gibt es seit dem Ende der 1920er-Jahre, als Deutsch-Wagram zur Marktgemeinde erhoben wurde, einen **Marktplatz**. Doch er ist recht klein und die meiste Zeit von Autos besetzt. Nur am Samstagvormittag räumen sie das Feld für die Bauern aus der Umgebung. Eine 2012 gegründete Initiative setzt sich zwar dafür ein, den Marktplatz zu beleben, doch pendeln etliche der rund 8000 Bewohner Deutsch-Wagrams nach Wien und besorgen daher vieles außerhalb. Für alle, die ohne Auto in der Nachbarschaft einkaufen möchten, haben gegen den Trend aber auch manch neue Geschäfte aufgesperrt, zum Beispiel „Die Greißlerin", „Marchfeld ab Hof" und der Geschenke- und Buchladen „gug".

An diesen Läden kommt man bei einem Spaziergang durch die Stadtgemeinde, zu der Deutsch-Wagram 1984 erhoben wurde, genauso vorbei wie an einigen **historischen Plätzen.** Während sich der zweite Teil des Ortsnamens auf den kleinen Höhenzug an der Straße nach Parbasdorf bezieht, soll der markante Zusatz „Deutsch" diese Wagramer seit 1560 von den Bewohnern des kroatisch besiedelten Wagram an der Donau einige Kilometer weiter südöstlich unterscheiden. Experte für die Geschichte der deutschen Wagramer ist Manfred Groß, der nicht nur eine umfangreiche Ortschronik zusammengestellt, sondern auch jene Tafeln mit der Überschrift **„Kultur(er)leben"** entworfen hat, die an bedeutenden Punkten des Ortes einen ebenso informativen wie unterhaltsamen Kulturspaziergang durch die

Bild S. 48/49: Stadtmauer von Groß-Enzersdorf

Pfarrkirche von Deutsch-Wagram

Kapelle im Sahulkapark

Geschichte und Gegenwart des Ortes ergeben. Dabei sieht man etwa ein Foto des **Elektrizitätswerks,** das nur sieben Jahre nach der Inbetriebnahme 1912 schon wieder zu klein geworden war. Nachdem sich Deutsch-Wagram dem Netz der Newag angeschlossen hatte, wurde dieses 1926 zu einer Wohnanlage umgebaut und nach der Jahrtausendwende abgerissen, um betreutes Wohnen nach den Maßstäben des 21. Jahrhunderts zu ermöglichen.

Wenn man die Schulsportanlage umrundet hat und vor der weiß-blauen Fassade des Schulzentrums steht, in der die Fenster eigenwillig aus den Reihen tanzen, kann man in die Geschichte des **Grundwasserstrandbads** eintauchen, die ähnlich kurz wie die des E-Werks war: 1929 auf der Basis einer Schottergrube eröffnet, kamen bereits 1937 nur noch zehn Prozent der rund 20.000 Gäste, die das Bad im Eröffnungsjahr gestürmt hatten. Es mangelte ausgerechnet an sauberem Grundwasser, und auch die beabsichtigte Erfrischung aus einem Tiefbohrbrunnen konnte nicht verhindern, dass das Strandbad 1941 geschlossen werden musste. Dabei war es so modern ausgestattet, dass selbst in Wiener Kaffeehäusern auf Plakaten für einen Besuch geworben worden war. Wo einst gebadet wurde, wird heute Tennis oder Fußball gespielt. Das ehemalige Strandcafé ist als Werkstätte Teil des Schulzentrums geworden.

Wer vermutet, dass das Gebiet auf der nördlichen Seite der Bahnstrecke erst nach deren Bau besiedelt wurde, irrt jedoch: Das Dorf Helma wurde bereits 1378 urkundlich erwähnt, verödete allerdings nach den Türkeneinfällen. Später gab es hier einen Gutshof, nach dem die Ortschaft **Helmahof** heute noch benannt ist und der Napoleon bei der **Schlacht bei**

Wagram 1809 als Munitionsdepot diente. Seitdem die Schnellbahn nach Deutsch-Wagram fährt (1962), ist die Katastralgemeinde Helmahof zügig gewachsen.
Vom Bahnhof aus sind Bewohner von hüben wie von drüben „ruck, zug" in Wien. An diesem wichtigen Punkt Deutsch-Wagrams hat die Gegenwart die Geschichte eingeholt, ohne sie aufs Abstellgleis zu schieben: Das **Bahnhofsgebäude** von 1854 spiegelt sich mit seiner rosafarbenen Fassade in der ältesten erhaltenen Wasserstation Österreichs, erbaut 1846 auf der anderen Seite der Gleise. Ein wenig am Rand und doch nicht abseits steht das 1908 errichtete Fachwerkhäuschen, in dem einst die Passagiere der 3. Klasse ihre Fahrscheine kauften. Und nur wenige Meter hinter diesem ehemaligen Arbeiterwartesaal, der heute als Eisenbahnmuseum genutzt wird, erfüllen seit einer Modernisierung eine neue, helle Unterführung, Rampen, Fahrstühle und Blindenleitsystem die Ansprüche all jener, die heute mit der Bahn nach Deutsch-Wagram kommen.

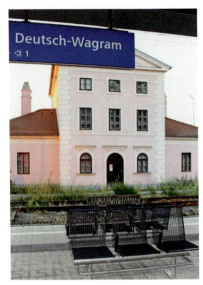
Wasserstation

Deutsch-Wagramer Kulturspaziergang

Start/Ziel: Bahnhof Deutsch-Wagram
Karte: Stadtplan Deutsch-Wagram
Länge: ca. 4 km
Route: Am Bahnhof rechts (Eisenbahnmuseum) in die Bahnhofstraße, rechts in die Hamerlingstraße („Kultur(er)leben"-Tafel Ecke Werkgasse), links in die Franz-Schubert-Straße, links in „Auf der Heide" (Tafel am Teich vor der Schule), rechts in die Kirchengasse (Tafel unterhalb der Kirche). Rechts in die Sachsenklemme (Tafel in der Rohrergasse, Park mit Kriegerdenkmal) bis zum Promenadenweg (Tafel am Rußbach), zurück zur Kirche, rechts durch die Erzherzog-Carl-Straße, an der Kreuzung (Museum) links in die Hauptstraße, rechts in „Am Wagram" (Tafel), links in die Roseggergasse, links durch die Theodor-Körner-Gasse. Hauptstraße queren (Tafel vor dem Eissalon), Bahnhofstraße, links in die Schulgasse (Tafel), zurück zur Bahnhofstraße, geradeaus durch die Friedhofsallee (Tafel am Marktplatz) und den Sahulkapark (Tafel). Links in die Bockfließerstraße (Marchfelder Hof), Abstecher über die Eisenbahnbrücke nach Helmahof (Tafel) oder links durch den „Bahnsteig" direkt zurück zum Bahnhof.

Gänserndorf: Vom Gänsedorf zum Wirtschaftszentrum

Das Schnattern der namensgebenden **Gänse**, die in den sumpfigen Niederungen des Weidenbachs einst in großen Scharen gehalten wurden, ist in Gänserndorf heute nicht mehr zu hören. Begegnen kann man ihnen bei einem Spaziergang durch den Ort dennoch: Vor fast jedem Geschäft, jeder Einrichtung hockt ein Vogel, der statt eines Federkleids die Farben und den Schriftzug seines Paten trägt. Die stumme Schar dokumentiert, dass aus dem kleinen Straßenangerdorf von einst längst ein Wirtschaftszentrum, eine Schul- und Verwaltungsstadt geworden ist.

In einem Video, das auf einem Bildschirm in der Eingangshalle des Rathauses läuft, präsentiert sich die Bezirkshauptstadt als aufstrebender Ort, dessen Entwicklung durch die Eröffnung der Nordbahn 1839 angestoßen wurde. Auch ohne filmisches Infotainment ist das **Rathaus** die überragende Sehenswürdigkeit Gänserndorfs. Mit 164 Metern Seehöhe steht es am höchsten Punkt der Stadtgemeinde und setzt mit seinem fünfgeschossigen Turm und dem dreigeschossigen, von drei Halbwalmdächern bedeckten Hauptgebäude neben dem Turm der 1784 wiedererrichteten Pfarrkirche einen deutlichen Akzent in die Silhouette der Stadt.

In der tonnengewölbten Eingangshalle hängt zudem eine für die Stadtgeschichte bedeutsame Tafel aus rotem Marmor. „15" und „08" stehen rechts und links über dem Wappen der Familie von Schneidpeck, die bis 1622 Besitzer des **Edelhofs** war. Er stammt im Kern aus dem 16. Jahrhundert, wurde aber nach schweren Brandschäden 1840 stark verändert. Ein historisierender Wiederaufbau in den 1920er-Jahren machte aus dem Schloss ein Rathaus wie aus dem Bilderbuch, einschließlich der roten Hängepelargonien, die im Sommer unter den Fenstern blühen.

Den Durchgang zum Stiegenhaus flankieren zwei alte Grenzsteine. Auf dem einen prangt eine Gans, der andere zeigt das Wappen des Benediktinerstiftes Melk und eine Jahreszahl: 1585 war das Jahr, in dem die Gemeinde Gänserndorf das verödete Dorf Breitenfeld von der landesfürstlichen Kammer kaufte.

Im Stiegenhaus dokumentieren historische Fotografien, dass zwar nicht alles in Gänserndorf so prächtig war wie das Rathaus, die Wirtschaft aber bereits zu Beginn des 20. Jahrhunderts florierte. Schon damals war die Bahnstraße Sitz zahlreicher kleiner Unternehmen und Geschäfte wie der „Spänglerei" von

Gans im Stadtzentrum

Grenzstein mit Gans im Rathaus

Johann Hoffmann, dem Wäschegeschäft von Jakob Hahn und der Fleischhauerei von Josef Palme.
Auch die **Marchfelder Kreditgenossenschaft** mit Zentrale in Marchegg und Filiale in Gänserndorf wurde bereits 1925 am Dr.-Wilhelm-Exner-Platz errichtet.

Heute hat die Marchfelder Volksbank, die sich aus drei Genossenschaften bildete, ihren Hauptsitz auf der anderen Seite der Bahn in Gänserndorf. Die blau-weiße Gans am Volksbank-Platz ist damit die erste der Schar, die Besucher vom Bahnhof zum Rathaus geleitet.

Durch die Gänseschar zum Rathaus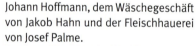

Start/Ziel: Bahnhof Gänserndorf
Karte: Google Maps
Länge: ca. 4 km
Route: Am Bahnhof Ausgang Richtung Norden nehmen, links in die Lagerhausstraße, rechts in die Bahnstraße, unmittelbar vor dem Kirchturm rechts, hinter der Schule rechts in den Fußweg, rechts und gleich wieder links in die Untere Kellergasse. Beim OMV-Denkmal links, Hauptstraße queren, Abstecher zum Josef-Graf-Stadion, zurück zur Oberen Kellergasse, links durch den Fußweg zum Kirchenplatz, rechts in die Hauptstraße. Beim Rathaus links in die Eichamtsstraße, rechts zum Kinosteg. Bahnstrecke queren, links in die Wiener Straße, links zum Dr.-Wilhelm-Exner-Platz, rechts zum Bahnhof.

Das Rathaus im historisierenden Stil

Die im Kern spätromanische Pfarrkirche

Groß-Enzersdorf: Bindeglied zwischen Metropole und Marchfeld

Bis zu sechs Meter hoch ist der zinnenbekrönte Mauerring, der die Altstadt von Groß-Enzersdorf umschließt. Nicht nur die **Stadtmauer,** die Ende des 14. Jahrhunderts errichtet wurde, ist fast vollständig erhalten, auch drei Ecktürme sowie Teile der **Wälle und Gräben** sind als Parkanlagen noch vorhanden. Hinter alten Bäumen, die ausgiebig von Spechten bearbeitet werden, erhebt sich die Mauer, zwischen deren Zinnen immer wieder der Turm der Stadtpfarrkirche hervorblitzt.

Wie die Stadt beim Bau der Mauer ausgesehen hat, zeigt eine Zeichnung auf dem Schild des „Stadtmauergartens" am Schießstattring. Am Josef-Reither-Ring, wo kurz vor den Sommerferien eine Schulklasse Schlange vor einem Eisladen steht, erhebt sich eine **toskanische Säule** aus dem Jahr 1695, die einen barocken Gnadenstuhl trägt: Gottvater hält das Kreuz mit dem toten Christus in den Händen, darunter symbolisiert eine Taube den Heiligen Geist. Die **Marienkapelle,** die wenige Schritte entfernt ebenfalls außerhalb der Stadtmauer steht, ist ein schlichter Biedermeierbau aus dem Jahr 1844.

Inmitten des Stadtmauernrings liegt der älteste Teil des um 870 als Meierhof begründeten Dorfs: Am Kirchenplatz mit der **Stadtpfarrkirche,** einer im Kern frühgotischen Pfeilerbasilika mit Wehrturm, ist noch die Form des **alten Angers** erkennbar. Als Encinesdorf 1396 zur Stadt erhoben wurde, entstand der Hauptplatz mit dem Freisingischen Stadtschloss in der Mitte. Eine Inschrifttafel im Bereich des ehemaligen Raasdorfer Tors erinnert an den Freisinger Bischof Berthold von Wehingen. Schon bald dem Verfall preisgegeben und im 19. Jahrhundert nach Bränden und Kriegsschäden abgetragen, sind heute nur noch Mauerreste erhalten. An der östlichen Grenze des ehemaligen Stadtschlosses wurde ein Rathaus errichtet, das 1963 zu den Stadtsälen umgebaut wurde und seitdem für Veranstaltungen genutzt wird.

Vorbei ist auch die Zeit des Bürgerspitals an der Rathausstraße, 1423 ebenfalls eine Stiftung der Freisinger. In der **Bürgerspitalskirche** mit dem Volutengiebel aus dem späten 17. Jahrhundert sind heute das **Rathaus** der Stadt und das **Heimatmuseum** untergebracht, in dem nicht nur ein Porträt des Bischofs Berthold von Wehingen zu sehen ist, sondern auch ein Modell der jungen Stadt, zu der Groß-Enzersdorf auf seine Initiative hin erhoben wurde. Die vergoldeten Kapitelle und die Rosette im

Stadtpfarrkirche

Lapidarium des Museums, die einst die Groß-Enzersdorfer Synagoge schmückten, hat Obmann Karl Hagenauer eigenhändig wieder zusammengeklebt. Nachdem diese 1893 in der Franz-Joseph-Straße erbaut worden war, brach man das baufällig gewordene Gebäude 70 Jahre später wieder ab. Jahrzehnte später fand Karl Hagenau die Bruchstücke der Säulen in Plastiksackerln.

An Ort und Stelle stehen dagegen die beiden **Ritterbüsten,** die das **Wassertor** säumen. Das älteste der ursprünglich drei Tore ist der Donau zugewandt – und heute auch dem Busbahnhof, der für alle, die mit öffentlichen Verkehrsmitteln unterwegs sind, zu jenem Tor zum Marchfeld wird, als das sich die Stadtmauerstadt selbst gern bezeichnet.

Ritterbüste am Wassertor

Stadtmauer

Zur Stadtburg und rund um die Stadtmauer

Start: Bushaltestelle Groß-Enzersdorf Stadtmauer
Ziel: Busbahnhof Groß-Enzersdorf
Karte: Google Maps oder Plan am Hauptplatz beim Durchgang Stadtsäle
Länge: 2,7 km
Route: Richtung Stadtpfarrkirche durch die Wiener Straße, über den Kirchenplatz zum Bischof-Berthold-Platz (Galerie Kunst.Lokal) und zum Hauptplatz mit der ehemaligen Stadtburg. Rechts in die Rathausstraße, vorbei am ehemaligen Bürgerspital und heutigen Rathaus mit dem Heimatmuseum zum Wassertor. Links und außen an der Stadtmauer entlang (zum Teil als Parkweg) über den Josef-Reither-, Schießstatt-, Hans-Kudlich-, Dr.-Karl-Renner- und Josef-Reither-Ring zum Busbahnhof.

Marchegg: Kleine Storchenstadt mit großer Gründungsgeschichte

Über dem kleinen Industriegebiet zwischen der Siedlung Marchegg Bahnhof und dem Ort Marchegg kreist ein Storch. Auf einer Wiese neben dem Grundstück einer Firma, die Heizungen, Klimaanlagen und Sanitäranlagen installiert, lässt er sich nieder, um nach Nahrung zu suchen. Sein Überleben ist wie das des Unternehmens an das Wasser gekoppelt, das hier dank der **Marchauen** reichlich vorhanden ist. Dass sich die Bewohner der Storchenkolonie auf der Suche nach Regenwürmern, Fröschen, Fischen und anderen Kleintieren nicht auf die urwüchsige Aulandschaft beschränken, sondern auch zu Gast in der Zivilisation sind, sieht man auf dem Weg von der weitläufigen Siedlung, die zusammen mit dem Bahnhof entstanden ist und deswegen auch so heißt, zum ursprünglichen Ort, der im 13. Jahrhundert die größte befestigte Neugründung Europas war – heißt es jedenfalls in einem Folder der Tourismus-Information über „Marchegg – Ottokars Königsstadt".

Das **Groißenbrunnertor,** das einst Besucher aus Richtung Süden empfangen hat, ist im Gegensatz zu den meisten anderen Teilen der Stadtmauer leider nicht mehr erhalten. Wie es einmal ausgesehen haben könnte, zeigt das Ungartor am östlichen Stadtrand. Bevor man dieses auf dem **Historischen Rundweg** passiert, empfiehlt sich noch ein Abstecher zum **Pulverturm,** der wider Erwarten nicht aus den Anfängen der Stadtgeschichte stammt, sondern Ende des 19. Jahrhunderts als Pulverdepot gebaut wurde. Mit seinem Standort am Rand der **Tümpelwiese** fügt sich das steinerne Denkmal harmonisch in die grüne Kulisse ein, die ihrerseits ein Naturdenkmal ist: Die Wiese ist die Heimat des österreichweit einzigartigen **Grünen Feenkrebses.** Nur in den feuchten Mulden, die zwischen trockenen Kuppen mit seltener Sandrasenvegetation liegen, kommt dieser Urzeitkrebs vor.

Abgesehen von ihren langen Antennen werden diese Tiere nur zweieinhalb Zentimeter groß, also etwa so lang wie ein Fingerglied. Ihr beharrliches Überleben – Wissenschaftler vermuten, dass sich Urzeitkrebse vor etwa 500 Millionen Jahren im Meer entwickelt und seitdem kaum verändert haben – verdanken sie einem klugen Einfall der Natur: Die in Tümpeln abgelegten Eier überstehen auch lange Trockenperioden, die Larven warten mit dem Schlüpfen bis zum nächsten Hochwasser. Auf der Tümpelwiese wachsen sie gemeinsam mit dem

Wienertor

Historischer Rundweg

Nachwuchs der Frühjahrs-Schildkrebse auf, die zu den häufigeren Vertretern der Urzeitkrebse gehören. Amphibien wie der Donaukammmolch und die Knoblauchkröte (die allenfalls nach Erschrecken entsprechend zu riechen beginnt) mögen die Lebensbedingungen der Tümpelwiese ebenfalls.

Ein lauschiger **Fußweg** zwischen Ungarteich und Stadtmauer, die ein Florist namens Natur geschmackvoll mit Klatschmohn, Efeuranken und Grasbüscheln dekoriert hat, führt zum **Ungartor.** Von der frühgotischen Nische aus könnte man noch heute Passanten in Augenschein nehmen, wenn denn welche vorbeikämen, was im geruhsamen Marchegg eher selten der Fall ist. Aus dem hübsch verschnörkelten Spitzbogenfenster auf der Innenseite schaut außer dem Efeu schon lang niemand mehr heraus.

Ein wandfüllendes **Gemälde** auf einem Haus in der Ungargasse deutet darauf hin, dass in der weiten Ebene des Marchfelds nicht nur das Gemüse, sondern auch die Sehnsucht nach dem Hochgebirge gedeiht. Abgesehen von der knallblauen Farbe könnte der Wasserlauf im Vordergrund die **March** darstellen, doch die schroffen Gipfel im Hintergrund bietet der Grenzfluss selbst an seinem Ursprung im Glatzer Schneegebirge nicht, einem sanft gerundeten Bergrücken am Dreiländereck Schlesien – Böhmen – Mähren. Auf dem Weg der March zur Donau türmen sich höchstens Wolkenberge am Horizont auf. Die nächste Erhebung auf dem Historischen Rundweg durch Marchegg ist der imposante Chorraum der **Pfarrkirche,** der 1268 gemeinsam mit der Stadt errichtet wurde. Zwischen dem gotischen Chor und dem 1855 errichteten

Marchegg: Kleine Storchenstadt mit großer Gründungsgeschichte

Pfarrkirche

Kirchturm duckt sich bescheiden ein spätbarockes Langhaus.
An den **Kirchenplatz** schließt sich der weitläufige, von Denkmälern und Statuen gesprenkelte **Hauptplatz** an. Gegenüber vom Kloster der „Schwestern des Hl. Johannes" erhebt sich das **Kriegerdenkmal,** hinter dem sich eine schon recht verwitterte **Büste von Kaiser Franz Joseph** aus dem Jahr 1909 zu verstecken scheint, hatte doch der Kaiser 1914 Serbien jenen Krieg erklärt, der sich zur ersten großen Katastrophe des 20. Jahrhunderts auswachsen sollte und dessen Gefallene wenige Meter entfernt von der Büste betrauert werden.
Nicht historische Ereignisse, sondern nur hohe Bäume werfen ihren Schatten auf eine weißgoldene **Marienstatue,** die 1854 die Prangersäule ersetzte. Die barocke **Steinfigur** des Brückenheiligen **Johannes Nepomuk** stand ursprünglich an der **March-Überfuhr,** der nächsten Station auf dem Historischen Rundweg. Die wiederholte Überschwemmung des Hauptplatzes, der ursprünglich rund einen halben Meter tiefer lag, konnte auch der Heilige nicht verhindern. Der Hochwasserstein in seinem Rücken erinnert an Ereignisse, auf die die Bewohner gern verzichtet hätten. Darunter fällt auch jener Brand, dessen Opfer 1875 das Gemeindewirtshaus Zum Schwarzen Adler wurde. An seiner Stelle wurde eine Volksschule errichtet, und zwar auf einem Fundament, für das unter anderem Steine der Stadtmauer verwendet wurden. Heute **Rathaus,** werden auf dem aus Sicht der Historiker bedenklichen Untergrund nun die aktuellen Angelegenheiten der Stadt entschieden.
Neben der allgegenwärtigen Geschichte fördern vor allem die **Störche** den

Mausoleum im Schlosspark

Nistende Störche

Tourismus in und um Marchegg. An der ehemaligen March-Überfuhr lässt sich gut beobachten, wie die großen Vögel über den Fluss schweben wie Flugzeuge über einer Landebahn, um dann wieder durchzustarten und hinter dem Auwald abzutauchen.

Unbeweglich hockt dagegen ein mächtiger Adler mit ausgebreiteten Schwingen auf einer **Steinsäule,** die an die Vollendung des Schutzdamms 1938 und mit einer Gedenktafel an das 125-jährige Bestehen der Österreichischen Zollwache 1955 erinnert. Bis 1918 gab es an dieser Stelle der March, die hier eine ihrer vielen Kurven macht, eine Fähre und damit die Möglichkeit, am gegenüberliegenden Ufer eine beliebte „csárda", also ein Wirtshaus, zu besuchen. Ein anderes Freizeitvergnügen endete bereits 1916, als das erst sechs Jahre zuvor errichtete Badhaus bei einem Unwetter vom Wasser mitgerissen und bis nach Devínska Nová Ves gespült wurde.

Auf dem Weg Richtung Schloss wird der **Damm,** der heute Hochwasser von der Stadt fernhält, zur Aussichtsplattform in den Auendschungel. Wenige Meter weiter bekommt das Naturjuwel auf der rechten Seite kulturgeschichtliche Konkurrenz durch das Schloss auf der linken Seite. Am Rand des **Schlossparks** steht jedoch zunächst das 1925 errichtete **Mausoleum,** in dem Mitglieder der Familie Pálffy ihre letzte Ruhe fanden, bis 1945 ein Grabräuber die Gruft aufbrach. Zwei Jahre später starb mit dem Tod von Ladislaus Pálffy die Marchegger Linie der Familie aus, die seit 1621 im Besitz des **Schlosses** war. An dessen Rückseite, die noch stark an die einstige Burg erinnert, von der aus Ottokar II. Přemysl die Stadt gegen die

Ungarn verteidigen wollte, führt der Weg direkt vorbei zum Eingang des **WWF-Auenreservats,** dessen Gegenwart in einer Ausstellung im Schloss ebenso beleuchtet wird wie die Geschichte der einst dort Herrschenden. Das **Heimatmuseum** in den ehemaligen Wirtschaftsgebäuden ruft dagegen den Alltag in den anderen Häusern Marcheggs in Erinnerung. An der Rückseite des ehemaligen Getreidespeichers erreicht man nach Groißenbrunner- und Ungartor das letzte der drei Stadttore, dessen Turm heute sogar wieder ein Dach trägt. Seitdem der letzte Türmer, der vor allem Brandmelder war, 1802 entlassen wurde, hat aber auch das **Wienertor** nur noch dekorative Funktion.

Wie die acht Meter hohe **Mauer** Marchegg nach ihrem Bau 1268 umschlossen hat, zeigen die Pläne am Rand des Waldwegs, der dem gut erhaltenen südwestlichen Teil des Bauwerks folgt. An der Ecke sind noch die abgeschrägten Strebepfeiler zu sehen, mit denen die Mauer gestützt wurde. Die alten Eichen müssen ohne solchen Halt auskommen, obwohl sie von Nisthöhlen durchlöchert sind wie Schweizer Käse. Doch vielleicht werden so nah an einer Stadtmauer, die schon seit vielen Jahrhunderten hier steht, die Bäume älter als anderswo.

Historischer Rundweg Marchegg

Start/Ziel: Bahnhof Marchegg
Karte: Marchegg – Ottokars Königstadt
Länge: ca. 11 km
Route: Vom Bahnhof links in die Bahnstraße, rechts in die Marchgasse, links in die Doktor-Kiesewetter-Gasse, am Ende rechts und vor dem Ortsausgangschild links in den Feldweg. Weiter auf dem Fußweg unterhalb der L49 bis zum ehemaligen Groißenbrunnertor (Einstieg in den Historischen Rundweg), rechts in den Pulverturmweg bis zum Pulverturm. Wenige Meter zurück, rechts in den Fußweg zwischen Stadtmauer und Ungarteich bis zum Ungartor, Ungargasse, rechts in die Hauptstraße, links Richtung Feuerwehr zur Kirche, über den Kirchenplatz zum Hauptplatz. Beim Rathaus rechts bis zur Johannesstatue, links über die Straße, rechts den Hauptplatz entlang zur Überfuhrgasse, an der ehemaligen Überfuhr links auf den Marchdamm. Hinter dem Schloss links zum Wienertor-Turm, rechts in die Wiener Straße und gleich wieder links in den Fußweg durch das Wäldchen entlang der Stadtmauer zum Groißenbrunnertor und zurück zum Bahnhof Marchegg.

Weikendorf: Blumen, Buchsbaum und Barock

Abgesehen von der Bahnhaltestelle am südlichen Ortsrand ist der **Kirchenplatz** der höchste Punkt von Weikendorf. Wobei Höhe hier, wo alles eben ist, ein relativer Begriff ist. Doch um den Ort zu verteidigen, zählte jeder Meter: Zum Schutz der Bevölkerung gegen Diebe, Raubritter und feindliche Soldaten wurde das ursprünglich hölzerne Gotteshaus im 15. Jahrhundert zur **Wehrkirche** aufgerüstet. Den kriegerischen Auseinandersetzungen des 17. Jahrhunderts hielt sie trotzdem nicht stand, wobei es die kaiserlichen Soldaten selbst gewesen sein sollen, die die Kirche niederbrannten, um sie nicht den anrückenden Türken überlassen zu müssen.

Die Reste von Fundament und Mauern der vermutlich dreischiffigen Basilika liegen gut verborgen unter der **barocken Pfarrkirche,** die ab 1689 errichtet wurde. Die Kuppel des 40 Meter hohen Turms wurde 1808 allerdings wiederum ein Raub der Flammen. 200 Jahre lang trug der Turm daraufhin ein provisorisches Pyramidendach, bis ihm zur Jahrtausendwende wieder ein Zwiebelhelm mit Laterne und Doppelkreuz aufgesetzt wurde. Am Bau der barocken Pfarrkirche Ende des 17., Anfang des 18. Jahrhunderts soll auch der Architekt Jakob Prandtauer (1660–1726) beteiligt gewesen sein, dessen Hauptwerk das niederösterreichische Stift Melk ist. Während das Äußere des Langhauses mit seinem steilen Satteldach und den Rundbogenfenstern schlicht gestaltet ist, wurde das Innere üppig barock ausgestattet. Wer den Hochaltar mit einem Altarblatt aus dem Jahr 1682, die Seitenaltäre, die reich dekorierte Kanzel und die barocke Orgel hinter dem Rokoko-Emporengitter besichtigen möchte, wählt eine der Telefonnummern aus dem Schaukasten der Stiftspfarre.

Einer von jenen, die die Schlüssel für Pfarrkirche und **Pfarrschloss** haben, ist Robert Hanel, der in Weikendorf schon seine Kindheit verbracht hat. Damals konnte er im Winter noch Schlittschuh in dem Wassergraben laufen, der die Wehrkirche einst umgab. Heute erinnert nur noch eine **Brücke,** die ursprünglich der einzige Zugang zur Kirche und zum südwestlich angrenzenden Pfarrschloss war, an die einstigen Befestigungsanlagen. Sie führt zum Tor an der Südseite des Pfarrschlosses, das Jakob Prandtauer zwischen 1716 und 1721 mit quadratischem Grundriss errichten ließ. Den **Arkadenhof** nutzen die Weikendorfer heute für Hochzeiten oder Konzerte. Tief blicken lässt der Ziehbrunnen in der nordöstlichen Ecke. Wäre da nicht das Gitter über der Brunnenöffnung, könnte der Wandkran an seinem Seil wohl immer noch Eimer hinunter- und heraufbefördern.

Weikendorf: Blumen, Buchsbaum und Barock

Pfarrkirche

Arkadenhof im Pfarrschloss

Südlich der Kirchenanlage stehen am Franz-Mair-Weg noch die Reste des **Meierhofs,** eine ursprünglich weitläufige barocke Anlage. Der dreigeschossige **Schüttkasten** überragt mit seinem mächtigen Satteldach die zweigeschossigen Wirtschaftsgebäude.
Die Kirchenanlage ist ebenso gepflegt wie der Rest des hübschen **Ortskerns,** der gleichwohl nicht nach Bewunderung heischt, sondern vollkommen sich selbst zu genügen scheint. In der **Marktstraße,** die das geistliche Zentrum Weikendorfs mit dem weltlichen verbindet, kehrt eine Anwohnerin energisch den Gehsteig und bückt sich immer wieder, um hartnäckiges Unkraut aus den Ritzen zu rupfen. Im grellen Licht der herunterbrennenden Sonne erfrischt zumindest akustisch das Plätschern des neobarocken **Brunnens,** der 2013 neben der **Dreifaltigkeitssäule** angelegt wurde. Im Gegensatz zum Wasserbecken und den Steinbänken sind die Figuren der Heiligen Rosalia, Rochus, Sebastian, Leopold, Florian und Koloman, dem die Pfarrkirche geweiht ist, original barock: Die steil aufragende Säule mit den Laternen auf dem Sockel und der Dreifaltigkeit auf der Spitze wurde 1765 hier am westlichen Ende des Breitangers aufgestellt. Vom Brunnenwasser fortgespült wurde jedoch die „Steinerne Ähre" des Priesters und Bildhauers Josef Elter (1926–1997), die nun in der Oberen Hauptstraße sprießt.
Ein Schmuckstück ist auch der angrenzende **Rathausplatz** mit seinen Blumenbeeten, Buchsbaumhecken, einem Goldfischteich und der Figur Johann Nepomuks, die auf einem breiten Volutensockel neben dem **Rathaus** steht. Der gefällige zweigeschossige Bau mit Walmdach stammt wie die Figur aus

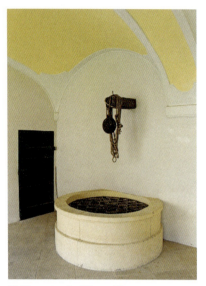
Ziehbrunnen im Pfarrschloss

Johann-Nepomuk-Statue

dem 18. Jahrhundert und hat damit als Sitz der Gemeindeverwaltung Tradition. Das Melker Stiftswappen im Obergeschoss ist ein Hinweis auf die kirchlich geprägte Geschichte des Orts: Gut Wikkendorf war ein Geschenk des Babenberger Markgrafen Ernst des Tapferen (um 1030–1075) an das Kollegiastift Melk.

Vorbei am Kunstraum mit seinen wechselnden Ausstellungen und an der erwähnten Steinernen Ähre erreicht man die **Bahnhaltestelle** Weikendorf, wo man zumeist allein auf weiter Flur auf den Zug wartet und dabei auf den Ort zurückschauen kann, der den erhöht liegenden Gleisen im Norden zu Füßen liegt. Von Osten kommt die schnurgerade Bahnstrecke, über der sich außer der Luft an heißen Sommertagen nichts bewegt, bis sich der herannahende Dieseltriebwagen auf seinem Weg nach Gänserndorf aus dem Flimmern herauskristallisiert.

Weikendorf: Blumen, Buchsbaum und Barock

Ortskern mit Dreifaltigkeitssäule, Pfarrschloss und Pfarrkirche

Kirchenanlage Weikendorf

Start: Bahnhof Weikendorf-Dörfles
Ziel: Bahnhof Weikendorf
Länge: 2,3 km
Karte: Wander-, Rad- und Freizeitkarte WK 013
Route: Vom Bahnhof hinunter zum Kirchensteig, Richtung Süden zur Dörfleser Straße, links auf dem Fußweg zur B8. Nach dem Queren rechts in den Franz-Grien-Weg, über den Kirchenplatz vorbei an der Statue der Marktpatronin St. Elisabeth zur Pfarrkirche. Hinüber zur Volksschule und zum Gutshof mit Schüttkasten am Franz-Mair-Weg. Vorbei an Pestsäule und Brunnen durch die Marktstraße zum Rathaus. Rechts vorbei an der Johannes-Nepomuk-Statue und am Kunstraum über den Rathausplatz, rechts in die Obere Hauptstraße, hinter der Ährenskulptur links in die Bahnstraße, vor der Bahnstrecke rechts über den schmalen Fußweg hinauf zum Bahnhof.

Wo der Adel prunkte, jagte und entsagte

Zwischen Wien und Bratislava thronen alte Burgen und prunkvolle Schlösser: Im Marchfeld wurde auf Einladung der Habsburger gejagt und gefeiert, bis 1918 in Schloss Eckartsau eine ihrer bittersten Stunden schlug.

Devín: Ruine mit Aussicht

Die Lage auf einem schroffen Felsen an der **Mündung der March in die Donau** ist ebenso spektakulär wie die Aussicht, die historische Bedeutung der Burg Theben, so der deutsche Name, ohnehin einzigartig: Im altslawischen Ursprung der Burg und des Ortes Devín sieht das slowakische Volk die Wurzeln seiner Identität. 864 als Grenzfeste des Großmährischen Reichs zum ersten Mal erwähnt, wurde die Burg in den folgenden Jahrhunderten immer weiter ausgebaut und befestigt, um sie gegen die osmanischen Invasoren zu schützen. Das konnte sie jedoch nicht davor bewahren, 1809 von Napoleons Soldaten in die Luft gesprengt zu werden.

Heute ist die weitläufige **Ruine,** zu deren Füßen sich unaufhörlich der Donaustrom vorbeiwälzt, ein beeindruckendes **Freilichtmuseum,** in dem das Gras zwischen den Mauerresten wächst. Jeder von ihnen erzählt eine Geschichte, die allein ein Buch füllen könnte. Infotafeln vermitteln die wesentlichen Fakten und zeigen Fundstücke von Ausgrabungen wie Münzen oder ein eisernes Kreuz, das an die vielen Kirchen und Kapellen erinnert, die droben auf dem Berg gebaut worden waren – und wieder verschwunden sind. Über den **mit weißem Kies ausgestreuten Grundriss** einer dieser ehemaligen Kapellen fließt der Blick heute mit der Donau ungehindert Richtung Osten.

Durch die Mauern eröffnen sich immer neue **grandiose Ausblicke** in die umgebende Landschaft, nach Norden ins Naturschutzgebiet Devínska Kobyla mit dem hellen Sandberg und in die Marchauen, nach Westen ins Marchfeld mit Schloss Hof und nach Süden auf die Hundsheimer Berge. Keck auf einer Felsnadel thront der Jungfrauenturm, um den sich eine Sage rankt: Die Braut Margaréta soll nach einem Sprung in die Donau gestorben sein, nachdem ihr Onkel Rafael von Isenburg zuvor ihren Bräutigam Mikuláš wegen einer Familienfehde getötet hatte.

Die jüngere Geschichte Devíns ist an der Marchmündung ebenso präsent. Auf dem schmalen Landstreifen zwischen Felsen und Flüssen erinnern ein Mahnmal aus Beton und eine herzförmige Skulptur, die ein Künstler aus dem Stacheldraht des 1950 errichteten Grenzzauns angefertigt hat, an die Opfer des Eisernen Vorhangs, der unmittelbar an der Burg entlang verlief.

Gemeinsam, wenn auch nicht grenzenlos, können Besucher im Anschluss an die Besichtigung die Spezialität der Gegend genießen: Aus roten und schwarzen Johannisbeeren stellen Winzer den **Devíner Ribiselwein** (Devínsky ríbezlák) her. Gekostet werden kann er zum Beispiel bei Familie Mrázik in einem Weinkeller nahe der Burg (Brigádnická 27).

Devín: Ruine mit Aussicht

Der sagenumwobene Jungfrauenturm

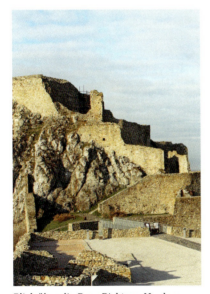

Blick über die Burg Richtung Norden

Grundriss der Kapelle, Blick Richtung Osten

Bild S. 68/69: Schloss Eckartsau

Eckartsau: Jagdschloss am Auwald

Im Marchfeld hatte die Herrschaft der Habsburger 1278 mit dem Sieg Rudolfs I. über den **Böhmenkönig Ottokar II. Přemysl** ihren Anfang genommen, im Marchfeld endete sie mehr als sechs Jahrhunderte später auch: Im Grauen Salon von Schloss Eckartsau unterzeichnete **Karl I.** am 13. November 1918 seinen Rücktritt von der ungarischen Regierung, nachdem er zwei Tage zuvor in Schloss Schönbrunn bereits auf die Teilnahme an den Regierungsgeschäften der soeben gegründeten Republik Österreich verzichtet hatte.

Der mit **Jagdtrophäen** überladene Adelssitz wird heute von den Österreichischen Bundesforsten verwaltet. Mehr als 270.000 Tiere soll Thronfolger **Franz Ferdinand** erlegt haben, bevor er 1914 in Sarajevo vom Schuss eines Attentäters selbst tödlich getroffen wurde – ein Ereignis, das den Ersten Weltkrieg und schließlich das Ende der Habsburgermonarchie auslösen sollte.

Als Eckartsau noch kein Schicksals-, sondern nur ein **Jagdschloss** war, hatte Franz Ferdinand die beschädigten Trakte neu aufbauen und mit zeitgemäßem Komfort ausstatten lassen. Elektrisches Licht, Zentralheizung und sogar ein Badezimmer mit WC zogen in das Schloss ein, denn auf Luxus mochte der Thronfolger bei aller Ländlichkeit nicht verzichten. Auf dem Dachboden wurde eine riesige rote Tonne mit einem Steuerrad und einer Kurbel entdeckt, einer der ersten Staubsauger, der von mindestens zwei Angestellten bedient werden musste.

Schon ein anderer Franz Ferdinand, und zwar der böhmische Hofkanzler Graf Franz Ferdinand von Kinsky, hatte Eckartsau als Jagdschloss genutzt: Nach dem Kauf 1720 ließ er die **ehemalige Wasserburg** nach Plänen von Joseph Emanuel Fischer von Erlach umbauen und dabei die geräumige **Stiegenhalle** mit einem Deckenfresko, das eine Falkenjagd zeigt, und in Stein gehauenen antiken Jägergestalten ausstatten. Auch an der Decke des barocken **Festsaals** darüber übernimmt Jagdgöttin Diana die Zügel des Himmelswagens von ihrem Zwillingsbruder Apollo.

Dass die Jagd über Jahrhunderte hinweg Daseinszweck des Schlosses war, zeigen außerdem die lückenlos von Trophäen bedeckten Wände im kleinen Stiegenhaus, das vom Wohntrakt hinunter in die barocke **Kapelle** führt. Dort versammelten sich Karl, Zita und ihre Kinder am 23. März 1919 ein letztes Mal zur Messe, bevor sie nicht nur Eckartsau, sondern auch Österreich verließen. Die Familie wurde in einem Wagen zum Bahnhof Kopfstetten gebracht, wo sie in einen Sonderzug zur Schweizer Grenze stieg. Für Karl, der drei Jahre später auf

Schlosspark

Westseite des Schlosses

Madeira an einer Lungenentzündung sterben sollte, war es ein Abschied für immer.
Fest verwurzelt ist die **doppelreihige Lindenallee.** Nach ihrer Anpflanzung Anfang des 18. Jahrhunderts nahm sie auf der Westseite des Schlosses diejenigen auf, die mit der Kutsche anreisten, und auf der Ostseite jene, die über die Donau mit dem Schiff nach Eckartsau kamen. Vor der Barockisierung durch Graf Kinsky hatte die Burg in der Wildnis gelegen. Erst der von Franz Ferdinand beauftragte Hofgartendirektor Anton Umlauft ließ die Wassergräben Anfang des 20. Jahrhunderts zuschütten, um einen englischen Landschaftspark anzulegen.
Die ovale Form dieser Plateaus findet sich in den Spazierwegen wieder. Bei einem Rundgang durch den Park, der im Frühling besonders reizvoll ist, wenn Narzissen, Tulpen, Veilchen und Leberblümchen blühen, kommt man an botanischen Raritäten wie einer riesigen Süntelbuche, einem Milchorangen- und einem Tulpenbaum sowie mehreren Gruppen von Sumpfzypressen vorbei.

Stiegenaufgang

Hof: Prunkschloss mit Bauernhofidyll

Die Träume des **Prinzen Eugen** machten Hunderte von Handwerkern und Tagelöhnern Ende der 1720er-Jahre wahr: Auf der Grundlage einer Burg, die die Familie Prankh wegen wiederholter Überschwemmungen rund 100 Jahre zuvor auf die Anhöhe verlegt hatte, entstand nach Plänen des Architekten Johann Lucas Hildebrandt und des Garteningenieurs Dominique Girard jene 50 Hektar große Schlossanlage, die heute die größte Österreichs auf dem Land ist.
Nach einer aufwendigen Restaurierung offenbart das Schloss wieder seinen Glanz als eines der beeindruckendsten Gesamtkunstwerke des europäischen Barock. Vor allem wegen seines weitläufigen, kunstvoll angelegten **Terrassengartens** repräsentierte dieser Landsitz die Macht des erfolgreichen Feldherrn auf eine Weise, der man sich heute ebenso wenig wie damals entziehen kann.
Noch um die Jahrtausendwende war Schloss Hof ein heruntergekommenes, scheinbar vollkommen in Vergessenheit geratenes Anwesen in einem verwilderten Garten. Nachdem **Maria Theresia** das Schloss 1755 erworben hatte, um es ihrem Mann, Kaiser Franz Stephan I., zu schenken, hatte es die kaiserliche Familie zwar noch ausgiebig genutzt und zwischen 1773 und 1775 um eine Etage aufstocken lassen. Schließlich mussten nach den strengen Regeln des Wiener Hofzeremoniells, die auch auf dem Land galten, stets fast 200 Bedienstete das Regentenpaar umsorgen. Doch die nächsten Generationen habsburgischer Kaiser und Erzherzöge waren kaum an dieser Sommerresidenz im Marchfeld interessiert. Als **Kaiser Franz Joseph** sie gegen Ende des 19. Jahrhunderts zu einer Ausbildungsstätte für das Militär machte, war das früh eingeläutete (vorläufige) Ende des Prunks besiegelt. Bevor sich Soldaten samt ihren Pferden in Schloss Hof einquartierten, ließ der Kaiser allerdings zumindest das wertvolle Mobiliar in die Sicherheit der Wiener Depots bringen.
Auch mit dem Ende der Donaumonarchie änderte sich nichts an dieser Art der Nutzung, die eher den Verfall als den Erhalt des Schlosses beförderte: Auf die k. u. k.-Soldaten folgten erst das Österreichische Bundesheer, dann die deutsche Wehrmacht und schließlich die Rote Armee. Nach dem Ende der zehnjährigen Besatzungszeit dauerte der **Dornröschenschlaf** des heruntergekommenen Schlosses fast 50 Jahre, bis 2002 endlich ein Prinz in Gestalt einer neu gegründeten Revitalisierungsgesellschaft kam und die Barockanlage wieder zum Leben erweckte.
Wie schon beim großen Umbau Ende der 1720er-Jahre bevölkerten wieder

Gartenansicht von Schloss Hof mit dem Najadenbrunnen

Handwerker die Anlage, um alles möglichst genau so zu machen wie knapp 300 Jahre zuvor. So wurde zum Beispiel die **Fassade** des Schlosses nicht mit modernem Putz verkleidet, sondern mit jener Sumpfkalklösung, die im 18. Jahrhundert verwendet worden war. Auch die Farbe wurde jenem barocken Originalzustand nachempfunden, der sich aus den Farbresten ableitete.

Nachdem aus dem ramponierten Gebäude wieder ein barockes Prunkschloss geworden war, konnten viele **Einrichtungsgegenstände** aus dem Wiener Hofmobiliendepot in die Räume zurückkehren. Dass heute ein Rundgang ein recht authentisches Bild von der damaligen Ausstattung bietet, ist der Arbeit von Kanzlisten zu verdanken, die nicht nur genaue Inventarlisten angefertigt hatten, bevor die Möbel 1898 aus dem Marchfeld nach Wien transportiert wurden, sondern auch den jeweiligen Platz all der rund 1500 Sitzmöbel, Tische, Kommoden, Kaminschirme, Glasluster und Ölgemälde dokumentiert hatten.

Von den Fenstern auf der östlichen Seite sieht man heute wie damals auf den **Barockgarten** hinunter, der als breite Treppe zur **March** abfällt: Auf die erste Terrasse westlich des Schlosses und die zweite Terrasse mit Schloss und Ehrenhof folgen fünf weitere Stufen, deren Übergänge mit Stiegen, Toren, Brunnen, Kaskaden und Statuen kunstvoll gestaltet wurden und werden. Was Johann Lucas Hildebrandt und Dominique Girard dank des Reichtums ihres Auftraggebers schufen, wurde mithilfe historischer Pläne, alter Gemälde und der Expertisen von Landschaftsarchäologen in mehreren Jahren aufwendig rekonstruiert.

Barockgarten

Je näher am Schloss, desto kunstvoller gestaltete Girard die **Beetflächen**. Zu Lebzeiten Prinz Eugens gehörten die Narzissen und Tulpen, die sie im Frühling schmücken, zu den kostbarsten Zierpflanzen. Auch die rot blühenden Kaiserkronen, im 16. Jahrhundert aus dem Orient nach Europa importiert, haben wieder einen Stammplatz im Garten bekommen. Aus Schmiedeeisen sind dagegen die Fürstenkrone und das Kreuz Savoyens auf der vierten Terrasse, wo ein kunstvolles **Gittertor** die Brunnengrotte nach Osten hin eher schmückt als abschirmt. Umarmt von zwei halbrunden Treppenarmen holen sich dort die Statuen von Donau und March nasse Füße.

Wie einst kann man den Garten heute durch das ebenfalls mit Wappenkreuz und Herzogskrone verzierte **Marchtor** am östlichen Ende des Gartens verlassen, zumindest an Wochenenden und Feiertagen in Österreich und der Slowakei, die durch die 2012 eröffnete „**Fahrradbrücke der Freiheit**" (slowakisch „Cyklomost slobody") an dieser Stelle eng verbunden sind. Mit ihrem Namen erinnert die 550 Meter lange Stahlbrücke an all die Menschen, die bei einem Fluchtversuch über die March ums Leben kamen. Für Schloss Hof, das wegen immenser Restaurierungs- und Betriebskosten auf zahlende Besucher dringend angewiesen ist, soll es vor allem eine Brücke der Besucher werden, denn während die Anreise von Wien rund eine Stunde dauert, liegt **Bratislava** in Sicht- und nun auch Fahrradreichweite des Schlosses.

Neben einem Ziel von Tagesausflüglern, die mit zahlreichen **Sonderausstellungen** und -führungen sowie **Veranstaltungen** (Ostermarkt, Weihnachtsdorf, Frühlings- und Herbstgartentage) angelockt werden sollen, ist Schloss Hof wie zu Zeiten Prinz Eugens heute ein **Ort für glanzvolle Feste und Feiern**, deren Besuch nicht mehr dem Adel, oder allenfalls noch dem Geldadel, vorbehalten ist. Ob eine Hochzeit in der zweigeschossigen **Barockkapelle** im Südtrakt des Schlosses mit anschließender Feier im **Festsaal** oder der Ball der Marchfelder im **Logensaal**, im **Roten Saal** und in den **Stallungen**: Schloss Hof ist ein erfahrener Gastgeber, der außer Maria Theresias Lieblingstochter Marie Christine, die hier Herzog Albert von Sachsen ehelichte, schon viele zauberhafte Bräute und Debütantinnen in Weiß kommen und wieder gehen sah und den so schnell nichts erschüttern kann, mögen Tränen und Champagner auch noch so reichlich fließen.

Hof: Prunkschloss mit Bauernhofidyll

Frühling ...

... im Allerleigarten

Blumen aller Art bei den Frühlingsgartentagen

Eine Ziege trägt ihr Junges wohl nur noch wenige Tage im Bauch mit sich herum, im Streichelzoo halten bereits zwei Lämmer Mittagsschlaf im Schatten eines Baums und im Gehege der weißen Barockesel spreizt ein Fohlen die langen Beine, um an das Euter seiner Mutter zu gelangen. Nicht nur bei den Tieren, die auf dem **Gutshof von Schloss Hof** gerade das Licht der Welt erblickt haben, herrscht unverkennbar Frühling: Während die Beete in den **Barockgärten** bereits ihren Sommerschmuck angelegt haben und im **Rosengarten** noch die meisten Knospen geschlossen sind, blüht es im **Kräutergarten** und im **Allerleigarten** schon weiß, gelb und lila. Zartviolette Clematisblüten haben eine Backsteinmauer erobert, auf den Beeten unter ihnen wachsen Maggikraut, Liebstöckl und Schnittlauch für den Suppentopf sowie Winterapfel, griechischer Oregano und Kümmel für den Schweinsbraten im Hauptgang heran. Ein **Wandbrunnen** verführt mit seinem Plätschern Kinder vom benachbarten **Spielplatz** dazu, ihre Arme oder mit einigen Verrenkungen auch Füße in den steinernen Trog zu tauchen. Wie zur Warnung, dabei auf Pulloverärmel und Hosenbeine achtzugeben, schreit vom Dach des Ziegengeheges ein weißer Pfau.

Unter dem Wasserstrahl lassen sich mitgebrachte Erdbeeren waschen, denn noch ist das süße Dessert im **Naschgarten** nicht reif. Aber zumindest die Pflanzen für die Selbsternte daheim gibt es bei den Frühlingsgartentagen, einer mehrtägigen Veranstaltung rund um den Meierhof und die Orangerien. Seltene Tomatensorten und orientalische

Orangerie

Kräuter warten ebenso auf Käufer wie Stauden und Sukkulenten. In der **Orangerie Ost** setzen Wandelröschen mit gelb-orangen Blüten ihre bewährte Leuchtkraft gegen den Charme von Newcomern in Hellviolett.

Mit feinen Blümchen und Früchtchen bemalt auch **Brigitte Riedl** weißes Porzellan. Kaum traut man sich, einen der Teller oder Löffel der an der Porzellanmanufaktur Augarten ausgebildeten Künstlerin in die Hand zu nehmen. Kreatives für Haus, Hof und Hals gibt es auch an den anderen Ständen: Hier lassen Holzvögel ihre Flügel im Wind wirbeln, dort hüllen sich Schmucksteine in ein Gespinst aus Metallfäden. Zugleich dekorativ und nahrhaft sind die Käsescheiben, die neben dem Streichelzoo von gewaltigen Laiben abgeschnitten werden. Auf der Rasenfläche hinter den Sträuchern lassen Jazzmusiker Saxofon, Posaune und Trompete in der Sonne blitzen.

Konzert hin, Kulinarik her, eigentlich stehen die Pflanzen bei den **Frühlingsgartentagen** im Mittelpunkt. Eine, die nicht verblüht, können Kinder in der **Familienwelt** basteln. Die kleine Werkstatt in einem der ehemaligen Wirtschaftsgebäude ist zwar schwer zu finden, doch dafür sind der Fantasie hier kaum Grenzen gesetzt. Reinweiß, knallrot oder rosa geflammt? Mit runden oder spitzen Blütenblättern? Wie auch immer die selbst gemachte Blume am Ende aussieht: Sie wird ein Stück Frühling in die Wohnung bringen, wenn es auf Schloss Hof längst wieder Sommer, Herbst oder Winter geworden ist.

Leopoldsdorf: Ein Hauch von Italien

Verwalterhaus

Jede Gemeinde würde sich gern im Glanz des berühmten Minnesängers **Tannhäuser** sonnen, dem Herzog Friedrich II. der Streitbare im 13. Jahrhundert ein Gut namens Leopoldsdorf überließ. Doch weil es im Umkreis von Wien zwei Orte namens Leopoldsdorf gibt, einen im Marchfeld und einen südlich von Wien bei Himberg, ist umstritten, welches jenes „Liupoltsdorf" ist, das Tannhäuser in seinem Spruchlied XIV erwähnt.

Das Anwesen im Marchfeld gehörte nach vielen Besitzerwechseln über mehrere Generationen der Familie des Freiherren Kempfen von Angret und wurde unter Bernhard Dismas Kempfen von Angret 1760 neu gebaut. 1879 kaufte es der Großindustrielle und Bankier Eduard Wiener Ritter von Welten (1822–1886). Seitdem befindet es sich im Familienbesitz. **Rudolf Wiener-Welten** (1864–1938) ließ es zu einem dreiflügeligen Schloss mit Turm ausbauen. Blickfang war der dreiachsige Mittelrisalit mit seinem mehrfach gegliederten Aufbau: Ein wappengeschmücktes Giebelportal krönte ein quadratisches Feld mit Uhr über einer Attika mit Eckvasen. In Leopoldsdorf bewahrte der Schlossherr orientalische Kunstgegenstände auf, die er von seinen Reisen in den Nahen und Fernen Osten mitgebracht hatte. In die Ortschronik ging die Familie ein, weil sie kommunale und soziale Einrichtungen finanzierte.

Nach dem Einmarsch der deutschen Wehrmacht in Österreich setzte Rudolf Wiener-Welten seinem Leben ein Ende. Das Schloss brannte 1945 völlig aus. Eine Ahnung davon, wie es einmal ausgesehen hat, vermittelt das **ehem. Verwalterhaus** am nördlichen Rand des umfriedeten **Parks.** Durch das große Tor an der Hauptstraße fällt der Blick auf den zweigeschossigen Bau aus der zweiten Hälfte des 18. Jahrhunderts. Die Puttengruppe aus Sandstein über der seitlichen Eingangstür an der Hauptstraße zeugt von barocker Vergangenheit. Und im Erdgeschoss zaubern die runden Bögen der Arkaden und steinerne Vasen, die auf Sockeln vor den Pfeilern stehen, einen Hauch von Italien ins Marchfeld.

Marchegg: Stadtburg mit Barockgesicht

Hinter dem barocken Antlitz von Schloss Marchegg versteckt sich jene Burg, die **Ottokar II. Přemysl** im 13. Jahrhundert zusammen mit der Stadt an der nordwestlichen Ecke der Befestigungsmauer errichten ließ. Kurz vor der Gründung von **Marchegg** hatte Ottokar II. Přemysl 1260 in der Schlacht bei Groißenbrunn den ungarischen König Béla IV. besiegt und zur Besiegelung des Friedens dessen Enkelin Kunigunde geheiratet.

Ihr begegnet der Besucher im ersten Stock des Schlosses in einer **Ausstellung** über den Stadtgründer, die auch vom Leben der Frauen des Königs von Böhmen erzählt. Während Kunigunde, die wesentlich jünger als Ottokar war, zahlreiche Kinder gebar, war die erste Ehe des Königs kinderlos geblieben. Dafür hatte die 30 Jahre ältere Margarete von Babenberg (1204/04–1266) die Herzogtümer Österreich und Steiermark mit in die Ehe gebracht. In einer der Vitrinen ist ein sog. **Gebende** zu sehen: Die beiden Stoffstreifen der Kopfbedeckung wurden so fest um Stirn und Kinn gewickelt, dass Essen, Trinken und Sprechen nur eingeschränkt möglich waren.

Während sich die Frauen am Hof mit Spinnen, Sticken und Brettchenweben die Zeit vertrieben, zogen die Männer mit Kettenhemd, Topfhelm, Gambeson, Streitaxt und Schwert in diverse Schlachten. Einer davon fiel Ottokar II. Přemysl zehn Jahre nach der Gründung von Marchegg zum Opfer: In Dürnkrut töteten die Truppen Rudolf von Habsburgs 1278 den immer mächtiger werdenden König von Böhmen.

Wesentlich länger als der Erbauer, nämlich von 1621 bis 1947, prägte das ungarische Adelsgeschlecht **Pálffy** die Geschichte des Schlosses. Was während dieser Jahrhunderte geschah, dokumentiert eine Ausstellung auf der anderen Seite des Treppenhauses. Hatte Paul IV. Pálffy um 1640 die Burg größtenteils abgetragen und zu einem Wasserschloss umbauen lassen, ließ Nikolaus VIII. Graf Pálffy den Wassergraben wieder zuschütten, als er das Schloss rund 80 Jahre später **barockisierte**. Dabei wurden die Eckbastionen entfernt und ein Westflügel angebaut, sodass mehr Platz für Jagdgäste entstand, unter ihnen Maria Theresia, Franz Stephan von Lothringen und Joseph II. 1957 erwarb die Stadt Marchegg das Schloss, das nach dem **Zweiten Weltkrieg** zerstört und geplündert worden war.

Die gegenwärtig berühmtesten Bewohner Marcheggs sind nicht nur im Park, sondern auch in der **Ausstellung „Erlebnis Auwald"** gegenwärtig, wo Kinder ein Storchennest erklimmen und lernen, warum die Vögel draußen mit den Schnäbeln klappern. Über die etwa

Marchegg: Stadtburg mit Barockgesicht

Schloss Marchegg

50 Weißstorchenpaare, die jedes Jahr in den bis zu 800 Kilogramm schweren Horsten auf den alten Eichen brüten, informiert zusätzlich das 2012 eröffnete **Storchenhaus** am Eingang zum **Schlosspark.** Eine Nestkamera ermöglicht intime Einblicke in das Leben der Pendler zwischen Marchegg und Afrika, die der 3000-Einwohner-Stadt wie schon bei ihrer Gründung wieder einen Superlativ verschaffen: jenen der größten baumbrütenden Storchenkolonie Mitteleuropas.

Storchennest auf einem Schornstein

Niederweiden: Lustschloss mit Jagdküche

Fast ein wenig verloren steht Schloss Niederweiden weithin sichtbar in der Ebene des Marchfelds: Als es gebaut wurde, glaubte man an den Anbruch friedlicher Zeiten nach den Türkenbelagerungen. Die wenigen Mauerteile, die vom Vorgängerbau noch erhalten sind, verstecken sich heute im Dickicht des verwilderten **Schlossparks.** Von der **Fluchtburg Grafenweiden** aus wurden einst die **Bernsteinstraße,** die noch heute vorbeiführt, und eine Furt durch die March überwacht.

Graf Ernst Rüdiger von Starhemberg (1638–1701), seit 1685 Besitzer der Herrschaft Engelhartstetten, beauftragte 1693 Johann Bernhard Fischer von Erlach mit dem Bau des Schlosses. Ein vom Architekten signierter Stich zeigt es in seiner ursprünglich eingeschossigen Form. Die dekorative Attika mit den Skulpturen, die den ovalen Mittelteil betonte, fiel Maria Theresia zum Opfer: Weil der Regentin sowohl Schloss Niederweiden als auch Schloss Hof zu klein waren, ließ sie beide Gebäude aufstocken.

Der **Festsaal** im neuen Obergeschoss, oval wie das **Vestibül** darunter, bot den idealen Rahmen für chinesisches Dekor, das um die Mitte des 18. Jahrhunderts modern war. Um Jean-Baptist Pillement für seine Wandmalereien zu entlohnen, griff Maria Theresia tief in ihre Privatschatulle. Bis zur Decke wuchern die exotischen Bäume. In den Wandfeldern zwischen den Zweigen sitzen orientalisch anmutende Musikanten. Im Gegensatz zu diesen zartfarbenen Malereien stehen dunkelbraune, aus verschiedenen großen Holzstücken zusammengesetzte Bögen im unteren Wandbereich – ein klobiger Zaun, der zwar den Raum von der dargestellten Außenwelt trennt, aber dennoch für den Blick durchlässig bleibt. Darin spiegelt sich die gestalterische Motivation für das gesamte Schloss wider: Einerseits sollte die Natur von draußen ins Innere der Gebäude geholt werden, andererseits der Blick von drinnen durch große Fenster ins Grün der Umgebung fallen können.

Besonders stolz war **Prinz Eugen** auf die rustikale **Jagdküche** in einem der beiden Nebengebäude. Nachdem er den Besitz 1726 von der Witwe des Grafen von Starhemberg gekauft hatte, um ihn für seine großen Jagdgesellschaften zu nutzen, konnte das erlegte Wild an drei großen Herdstellen zubereitet werden. Hier fehlen nur noch der Geruch von gebratenem Wild und Stimmengewirr, um sich gänzlich in eine andere Zeit zurückversetzt zu fühlen.

Dass in den beiden **Zwillingsschlössern Hof und Niederweiden,** die seit Prinz Eugen bis in die Gegenwart hinein immer dieselben Besitzer hatten, äußerst opulent gelebt wurde, zeigt ein Fest der

Gartenansicht von Schloss Niederweiden

Superlative, das Prinz Joseph Friedrich von Sachsen-Hildburghausen 1754 gab. Der Prinz war über seine 18 Jahre ältere Gattin Anna Maria von Savoyen, Nichte und Erbin des kinderlos gebliebenen Prinz Eugen, in den Besitz des Schlösserduos bekommen. Als ihm das Geld ausging, lud er Maria Theresia und Kaiser Franz I. Stephan nicht ohne Hintergedanken als Ehrengäste zu einem viertägigen Spektakel ein. Der **Schlosspark** Niederweiden wurde dafür in ein Heckentheater verwandelt, dessen Ausmaß erst sicht- und hörbar wurde, als plötzlich unzählige Komparsen, die zwischen Bäumen und Büschen versteckt waren, dem Herrscherpaar mit ihrem Gesang huldigten. Im Jahr darauf kaufte **Maria Theresia** ihrem Gastgeber beide Schlösser ab. Mit seiner Investition in dieses letzte große Barockfest hatte sich der Prinz elegant aus seiner prekären Lage befreit.

Das Schloss selbst kämpfte allerdings gerade in der jüngeren Vergangenheit um seine Existenz. Im **Südflügel** dokumentieren Fotos den Verfall, dem es in der ersten Hälfte des 20. Jahrhunderts preisgegeben war. Ein Erdgeschoss, das im Ersten Weltkrieg als Pferdestall benutzt wurde, und ein Baum, der vom Vestibül durch die Decke bis hinauf in den ehemaligen Festsaal wuchs, veranschaulichen den Niedergang Niederweidens. Als in den 1950er-Jahren damit begonnen wurde, die verwüsteten Räume zu renovieren, brach ein Brand aus, bei dem das Stiegenhaus schwer beschädigt wurde. Erst als einer der Schauplätze für die **Niederösterreichische Landesausstellung** „Prinz Eugen und das barocke Österreich" bekam Schloss Niederweiden 1986 wieder Aufwind. Heute kann es bei Führungen besichtigt oder für Feste gemietet werden.

Obersiebenbrunn: Kloster mit Pavillon

Schloss Obersiebenbrunn war das erste von mehreren Marchfeldschlössern, die ab 1725 in den Besitz von **Prinz Eugen** gelangten. Kaiser Karl VI. schenkte es dem Feldherrn zum Dank für seine Erfolge im Kampf gegen die Türken und zum Ausgleich für den Verlust der Statthalterschaft in den österreichischen Niederlanden.

Der Prinz ließ das Schloss, dessen vier Flügel einen geschlossenen **Innenhof** bilden, im Stil des **Barock** gestalten. Auf der Südseite überragt ein **Torturm** das Gebäude um mehrere Stockwerke. Der Kontrast zu Prinz Eugens ehemaligem, nur wenige Kilometer östlich liegenden Schloss Hof könnte kaum größer sein: Während Schloss Hof, sein Barockgarten und sein Gutshof seit der Restaurierung Top-Ausflugsziel und Ort glanzvoller Feste wie einst im Barock geworden ist (siehe Seite 74 ff.), gehört Schloss Obersiebenbrunn seit 2001 der koptischen Kirche und ist ein **Kloster.** In den Seitenflügeln wohnen Mönche und aus dem **ehemaligen Festsaal** mit der barocken Stuckdecke wurde ein Andachtsraum, dessen Wände mit Figuren in der Tradition koptischer Kunst bemalt sind. Die ehemaligen Wirtschaftsgebäude wurden an einen Reitverein verpachtet.

Nördlich des Schlosses erstreckt sich ein weitläufiger **Park,** der der Gemeinde Obersiebenbrunn gehört und nicht direkt vom Schloss aus zugänglich ist. Obwohl die üppige Vegetation vor den Wegen nicht haltmacht, ist die Struktur der wie mit einem Lineal gezogenen **Orthogonal- und Diagonalalleen** des 46 Hektar großen, rechteckigen Parks noch gut zu erkennen.

Wo die Schneisen durch den Wald einen sog. Jagdstern bilden, steht im Zentrum der acht Strahlen ein **Pavillon.** Mit seinem ovalen Grundriss und dem Mansardwalmdach erinnert er an ein Türkenzelt. Wände und Decke im Inneren des 1728 nach Plänen von Johann Lucas Hildebrandt errichteten Pavillons hat Jonas Drentwett (1656–1736) bemalt, Mitglied einer Augsburger Künstlerdynastie, die vom 16. bis zum 18. Jahrhundert im Auftrag vieler Höfe in Europa tätig war. Pfeil und Bogen schießende Putten zwischen barfuß tanzenden Paaren und Hirsche oder Wildschweine, die Jagdhunde zur Strecke gebracht haben, ergeben ein Potpourri von **Szenen aus dem Land- und Jagdleben.**

Gras, Büsche und Bäume bedrängen nicht nur die Wege, sondern auch den diagonal durch den Park führenden **Stempfelbach.** Für die Bewässerung wurde er einst eigens umgeleitet und im zentralen Bereich in ein orthogonales Kanalsystem gefasst, das zwei große Teiche speiste.

Schloss Obersiebenbrunn

Pavillon im Schlosspark

Heute sind die rechteckigen Wasserbecken weitgehend trocken, das Tor an der Stelle der Mauer, an der die Hauptachse durch den Park endet, ist zugemauert. Wer in der Wildnis der Gegenwart die Gartenarchitektur der Vergangenheit finden möchte, gelangt durch einen Eingang auf der Westseite in den Park, der zu den am besten erhaltenen barocken Jagdgärten Österreichs zählt.

Schlosspark Obersiebenbrunn

Start/Ziel: Bahnhof Siebenbrunn-Leopoldsdorf
Länge: ca. 9 km
Karte: Wander-, Rad- und Freizeitkarte WK 013
Route: Am Bahnhof nördlich der Schienen Richtung Osten, hinter dem P+R-Parkplatz links in einen Wiesenweg, hinter den Gewächshäusern links. Wienerweg queren und geradeaus Richtung Norden nach Obersiebenbrunn, von der Leopold-Mayer-Siedlung links in die Franz-Frohner-Straße, rechts in die Burgstallgasse, Prinz-Eugen-Straße, links in die Hauptstraße, Abstecher zum Schloss. Zurück zur Hauptstraße, rechts durch „In den Stübeln" und Leopold-Radl-Straße, hinter dem Reitverein rechts und durch den Durchgang in der Mauer in den Schlosspark, durch eine der Alleen zum Pavillon im Zentrum des Jagdsterns. Nach der Erkundung des Parks auf gleichem Weg zurück zum Bahnhof.

Orth: Renaissancekastell im Nationalpark

Wer mit dem Fahrrad und damit wohl über den Donauradweg nach Schloss Orth kommt, kann im **museumORTH** auf historischen Fotografien sehen, wie der eben befahrene **Marchfeldschutzdamm** in rund 30 Jahren in mühevoller Arbeit teilweise mit den Händen erbaut wurde. 1905 vollendeten die Arbeiter, von denen viele in Orth wohnten, den etwa 40 Kilometer langen Damm in Markthof an der Marchmündung. Er schützte das Marchfeld zwar fortan gut vor Überschwemmungen durch die Donau, enthielt den Äckern aber zugleich die Nährstoffe, die das Flusswasser mit sich gebracht hatte. Aus der fruchtbaren Landschaft wurde eine mit Kunstdünger produktiv gehaltene Agrarsteppe.

Schloss Orth, das neben dem museumORTH auch die Ausstellung „**DonAUräume**", ein **Veranstaltungszentrum** und das **Nationalpark-Zentrum Donau-Auen** beherbergt, hat eine rund tausendjährige Geschichte. 1377 wurde es ein Lehen der Habsburger und vielleicht erklärt sich dadurch die enge Verwandtschaft mit der Wiener Hofburg. Mit ihren vier Ecktürmen, vier Flügeln und dem umgebenden Graben könnten sich die beiden Spitzenwerke österreichischer Renaissancearchitektur einmal wie ein Ei dem anderen geglichen haben. Offenbar wurde mit Schloss Orth nach der Zerstörung durch die Türken 1529 bewusst Bezug auf die damalige Hofburg genommen: Damals ließ Niklas Graf Salm der Jüngere (1503–1550) den heutigen Südwestturm neu errichten. Nun ermöglichten die vier Ecktürme ein vierflügeliges Kastell, dessen Geschlossenheit wohl weniger dem Wunsch nach Verteidigung als vielmehr jenem nach Machtdemonstration entsprang.

Aus dieser Zeit stammen auch zwei Kostbarkeiten, die im Museum präsentiert werden: der **Orther Pokal** und – zwar ähnlich klingend, aber nicht zu verwechseln – das **Orther Portal**. Die Bruchstücke des gläsernen Orther Pokals hat man bei Ausgrabungen im Osttrakt in einem aus Ziegeln gemauerten Kanal gefunden, durch den wohl Abwässer von der Burg in den Wassergraben geleitet wurden. Aus den Scherben wurde jenes Kelchglas rekonstruiert, das um 1550 eine Glashütte nördlich der Alpen verlassen hatte. Seine Nuppen, gläserne Erhebungen, die ein wenig an Seepocken erinnern, waren im Mittelalter ein beliebtes Dekor.

Das nach 1530 aus mehreren heimischen Holzarten hergestellte Orther Portal wurde so im Museum aufgestellt, dass man wie einst hindurchgehen kann. „Friede sei dem unsere Schwelle überschreitenden Freunde, dem Scheidenden sei Ehre und Heil zuteil", lautet die lateinische Inschrift übersetzt.

Schloss Orth

Derart mit guten Wünschen bedacht, lässt man dieses frühe Beispiel für den Manierismus in Österreich und das Museum hinter sich, um den **Aussichtsturm** zu erklimmen. Von der oberen Plattform blickt man hinunter in den Turnierhof und ist fast auf Höhe der Störche, die ihr Nest auf einem der Kamine gebaut haben, und der Turmfalken, die das Schloss ebenfalls als Wohnung nutzen. Im Gegensatz zur Wiener Hofburg sind die Türme in Orth erhalten geblieben. Aus der Vogelperspektive gut zu erkennen ist der Grundriss des gesamten Schlosses, das Ende des 17. Jahrhunderts um einen dreiflügeligen Anbau erweitert wurde, um den Jagdgesellschaften des Barock ausreichend Platz zu bieten. Auch **Kronprinz Rudolf** nutzte den Besitz, den sein Vorfahr Franz I. 1824 in den k. k. Familienfonds eingebracht hatte, gern als Stützpunkt für seine Jagdausflüge und ließ ihn 1873 im Stil des späten Historismus einrichten. Wo früher eine Mauer die offene Seite zur Donau schloss, ist heute der Weg frei zur **Schlossinsel,** dem Freigelände des Nationalpark-Zentrums Donau-Auen.

Eingang zum Nationalpark-Zentrum

Sachsengang: Wehrburg im Familienbesitz

Auch Schloss Sachsengang in Oberhausen im südwestlichen Marchfeld war einmal ein **Jagdschloss** der Habsburger, gehört jedoch bereits seit 1659 der Familie **Thavonat**. Wie verwunschen steht das Schloss, das bis heute eigentlich eine Burg geblieben ist, abseits des Tourismus am südlichen Ortsrand von **Oberhausen**. Als Teil einer Burgenkette zwischen Eßling und Stopfenreuth gehört die frühmittelalterliche Anlage zu den ältesten um Wien, wobei sie ursprünglich eine Wehreinheit mit der Burg Oberhausen bildete.

Bis 1412 siedelten die Sachsenganger auf dem mittelalterlichen Hausberg in der ehem. Donauschlinge. Hinter dem Eingangstor an der Straße „Am Hof" stand früher die Vorburg. Heute befindet sich dort ein **Wirtschaftshof**, dessen Gebäude vorwiegend am Ende des 18. Jahrhunderts errichtet wurden. Eine **Steinbrücke** führt vom Wirtschaftshof zu der von Zinnen gekrönten Mauer, hinter der der Kernbau aufragt. Noch heute deutlich zu erkennen ist der einst mit Wasser gefüllte **Graben,** der die Hauptburg umgibt.

Normalerweise ist spätestens am Rundbogentor Ende der Besichtigungstour, bei der man sich überhaupt Zurückhaltung auferlegen sollte, ist doch die Anlage im Privatbesitz. Wer sich besonders für die Burg und ihre Geschichte interessiert, den führt der **Keramikkünstler Georg Niemann,** der sein Atelier im Wirtschaftshof hat, nach Anmeldung gern durch die Torhalle mit Kreuzgratgewölbe aus dem 17. Jahrhundert in den kleinen, vieleckigen **Innenhof.** Zwischen 1654 und 1672 sind die Mauern auf dem mittelalterlichen Kern drei Geschosse hoch gewachsen. Noch ein Geschoss höher ist der rechteckige Turm im Norden. Vom flach gedeckten, zinnengesäumten ehemaligen **Bergfried** hat man eine schöne Aussicht ins Marchfeld. „Früher war noch ein Zierturm aus Holz und Schilfrohr angebaut", erzählt Georg Niemann. Außer seinen eigenen sind schon viele andere Füße über die enge Wendeltreppe aus Eichenholz auf und ab gegangen. Auf halber Höhe befindet sich ein kleines Zimmer, dessen Wandschrank das Archiv der Burg füllt. Vieles weiß Georg Niemann jedoch aus den Erzählungen von Vater und Großvater.

Durch die Generationen ziehen sich auch die Auswirkungen der Kriege. 1809 standen Napoleons Truppen vor der Tür, 1945 rückten Stalins Soldaten an und sollen dabei die im 19. Jahrhundert errichtete Aussichtswarte auf dem Bergfried zerstört haben. An den Plünderungen im Anschluss habe sich auch die Dorfbevölkerung beteiligt, erzählt Georg Niemann. Umso mehr freut er sich,

Sachsengang: Wehrburg im Familienbesitz

Schloss Sachsengang (Durchfahrt zum Wirtschaftshof)

dass in jüngster Zeit das eine oder andere Möbelstück seinen Weg zurück ins Schloss gefunden hat.

Keramik aus der Schlossbäckerei

Aus dem runden Ziegelschornstein rauchte es immer dann, wenn in der **Bäckerei** von Schloss Sachsengang ein Brot in den Ofen geschoben wurde. Georg Niemann braucht für seine Arbeit zwar auch einen Ofen, doch dieser steht draußen neben der ehemaligen Bäckerei im Wirtschaftshof, in der der Künstler seit 1988 seine Werkstatt hat. Und er wird heißer, als es für ein Brot zu empfehlen ist: Um die 1000 Grad Celsius herrschen im Inneren, wenn Niemann seine Keramiken in der japanischen Raku-Technik brennt.

Für den Marchfelder Künstler, dessen Familie seit mehr als 350 Jahren auf Schloss Sachsengang zu Hause ist, ist dies die spannendste Brenntechnik. Nachdem die Keramiken in den glühend vorgeheizten Ofen geschoben werden, müssen sie einen zweiten Temperaturschock verkraften, wenn sie schon nach kurzer Zeit glühend wieder herausgenommen werden, statt langsam im Ofen abzukühlen. Zum Nachbrand werden sie in ein Fass mit Heu oder Sägespänen gelegt.

Dass sich der Brennverlauf nur eingeschränkt steuern lässt und aus jedem Stück ein Unikat macht, ist in der Werkstatt zu sehen. Nicht nur in seiner 2011 entstandenen Serie „Wankel", bauchigen Dreiecken mit einem runden Loch im Zentrum, die mit ihrer Form an Wankelmotoren erinnern, setzt sich Niemann kritisch mit dem Verhältnis von Natur und Technik auseinander: „Mich beschäftigt die Frage, wie wir uns die Natur untertan machen."

Auch der landschaftliche Gestaltungsprozess der **Donau** hat schon Einfluss auf seine Arbeiten genommen. Unter dem Titel „Wasser schafft Land" ist in Zusammenarbeit mit dem Groß-Enzersdorfer Glaskünstler Martin Suritsch, dem Nationalpark Donau-Auen, dem Uferhaus Orth und der Schiffmühle eine Ausstellung über und unter Wasser entstanden, bei der die Objekte teils schwammen, teils unter der Oberfläche im Ungewissen verschwanden.

Schlösser im Marchfeld

Devín (Theben)
Muránska ulica
841 10 Bratislava
Geöffnet 10–16 Uhr, Apr. & Okt. 10–17 Uhr, Mai bis Sept. 10–18 Uhr bzw. am Wochenende bis 19 Uhr.

Eckartsau
2305 Eckartsau
www.schlosseckartsau.at
Geöffnet 1. Apr. bis 1. Nov. 10–17 Uhr, Besichtigung im Rahmen von Führungen.

Hof
2294 Schlosshof 1
www.schlosshof.at
Geöffnet 10–16 Uhr, Mitte März bis Anfang Nov. 10–18 Uhr.

Niederweiden
Niederweiden 1
2292 Engelhartstetten
www.schlosshof.at
Geöffnet 16. März bis 27. Nov. 10–18 Uhr (Sonderausstellung 2016).

Marchegg
Im Schloß 1
2293 Marchegg
www.schloss.marchegg.at
Geöffnet Ende März bis Ende Okt. 10–16 Uhr, Juli & Aug. 10–17 Uhr.

Orth
2304 Orth/Donau
www.donauauen.at
Geöffnet 21. März bis 30. Sept. 9–18 Uhr, bis 1. Nov. 9–17 Uhr.

Obersiebenbrunn
Marktplatz 1
2283 Obersiebenbrunn
www.obersiebenbrunn.at

Sachsengang
Am Hof 1
2301 Oberhausen

Leopoldsdorf
(ehem. Verwalterhaus)
Hauptstraße 14
2285 Leopoldsdorf im Marchfelde

Carnuntum-Schloss-Hof-Bratislava-Tour

Start/Ziel: Bahnhof Hainburg
Länge: ca. 50 km
Karte: Radkarte Römerland Carnuntum – Marchfeld & Region Bratislava
Route: Von Hainburg der Beschilderung über Bad Deutsch-Altenburg, Donaubrücke, Stopfenreuth, Engelhartstetten, Schloss Hof, Brücke der Freiheit, Devínska Nová Ves, Naturpark Devínska Kobyla, Burg Devín, Bratislava und Wolfsthal zurück nach Hainburg folgen.

Brücke vor Schloss Sachsengang

Schloss Niederweiden, Schloss Hof und Schloss Marchegg

Start: Bahnhof Bad Deutsch-Altenburg
Ziel: Bahnhof Marchegg
Länge: ca. 30 km
Karte: Wander-, Rad- und Freizeitkarte WK 013
Route: Vom Bahnhof über Parkplatz, Brücke und Rampe hinunter zur Hainburgerstraße. Links Richtung Ortszentrum, rechts Richtung Donauradweg in die Badgasse (Archäologisches Museum Carnuntinum), am Kreisverkehr rechts, vor der Donaubrücke rechts Richtung „Wien Linkes Donauufer". Donau queren, hinter der Brücke links hinunter zum Dammweg, rechts Richtung Wien, am Forsthaus Stopfenreuth scharf rechts, Radweg-Ausschilderung durch Stopfenreuth und Engelhartstetten bis zur Kläranlage folgen. Radroute verlassen, links ab auf die Landesstraße zu Schloss Niederweiden. Hinter dem Schloss rechts in Richtung Schloss Hof, hinter dem Stempfelbach der Radweg-Ausschilderung „Carnuntum-Schloss-Hof-Bratislava-Tour" folgen, vorbei am Haupteingang von Schloss Hof durch den Friedrich-Prankh-Weg zur Straße nach Marchegg. Dann hinter der Siedlung Heimatland und dem Umspannhäuschen rechts in den Feldweg mit Fahrverbotstafel, vor der March links, geradeaus Richtung Norden, Bahnstrecke unterqueren, am Marchdamm links, unterhalb des Damms zum Ungartor, durch die Ungargasse zur Hauptstraße. Rechts zum Schloss Marchegg, zurück zur Hauptstraße und der Ausschilderung „Feuerwehr" folgend Haupt- und Kirchenplatz mit Pfarrkirche queren. Rechts in die Hauptstraße, hinter Ortsausgang auf dem Radweg der Ausschilderung „Kamp-Thaya-March-Route" bis Marchegg Bahnhof folgen.

Schloss Obersiebenbrunn

Schloss Obersiebenbrunn, Schloss Eckartsau und Schloss Orth

Start: Bahnhof Siebenbrunn-Leopoldsdorf
Ziel: Bahnhof Haslau
Länge: ca. 40 km
Karte: Wander-, Rad- und Freizeitkarte WK 013
Route: Vom Bahnhof auf der Bahnstraße Richtung Norden nach Obersiebenbrunn, rechts in die Hauptstraße, hinter der Kirche links durch das Tor zum Schloss Obersiebenbrunn. Zurück zur Hauptstraße, rechts zur Straße In den Stübeln, rechts in die Leopold-Rabl-Straße, rechts durch das Tor in den Jagdgarten. Links entlang der Mauer, rechts zum Pavillon, beim Reitverein Jagdgarten verlassen, In den Stübeln, links in die Hauptstraße, rechts in die Untersiebenbrunnerstraße, auf dem Feldweg parallel zur Straße und vorbei am Franzosenfriedhof bis Untersiebenbrunn. Links in die Wassergasse, rechts in die Brückengasse, durch die Felder Richtung Süden, Bahnstrecke und L5 queren, links in den Marchfeldkanal-Radweg, Ausschilderung folgen bis Fuchsenbigl. Im Ort rechts Richtung Eckartsau, über Straudorf und Wagram an der Donau nach Eckartsau, hinter dem Ortsschild rechts, links zum Schloss Eckartsau. Auf der östlichen Seite hinunter zur Wegkreuzung, rechts durch den Park zum Marchfeldschutzdamm, rechts Richtung Wien, an der Kreuzung der Straße nach Orth an der Donau rechts bis zum Schloss Orth. Auf der Uferstraße zurück zur Donau, beim Uferhaus mit der Fähre nach Haslau übersetzen, auf dem Treppelweg wenige Hundert Meter rechts Richtung Wien. Dann links hinauf nach Haslau und mithilfe der Ausschilderung „Nationalpark Tour Donau-Auen" durch den Ort zum Bahnhof.

Marchfeldschutzdamm

Stille Momente ...

... in den Donauauen

Goldene Sessel am grünen Wasser

Zwischen Wien und Bratislava spielen Natur und Kultur viele Stücke: Die March zieht eine Grenze, der Nationalpark Donau-Auen ein Band zwischen den Metropolen. Und zu Pfingsten gibts ein Konzert in der Au.

Nationalpark Donau-Auen: Artenreichtum auf 38 Kilometern

Zwei Silberreiher staksen durch das unbewegte Wasser, in dem sich ihr weißes Gefieder und die Bäume am Ufer spiegeln. Die weißen Punkte, die weiter hinten den dunklen Wasserspiegel sprenkeln, sind vermutlich Schwäne. Vor ihnen sitzt ein Angler reglos in seinem Kahn. Eine Stockente durchbricht mit ihrem Schnattern die Stille. Die letzten Strahlen der untergehenden Sonne lassen die bunten Blätter aufleuchten und wärmen die Spaziergänger auf der Traverse. Doch im Schatten des **Auwalds** ziehen schon die ersten Oktobernebel über dem Altarm auf.

Dass man nur wenige Hundert Meter nördlich der S-Bahn-Haltestellen Regelsbrunn, Haslau und Maria Ellend in ein einzigartiges Naturparadies eintaucht, ist jenen Umweltschützern zu verdanken, die die Donauauen 1984 erfolgreich gegen den Bau eines Kraftwerks bei Hainburg verteidigt haben. Damit bewahrten sie die letzte freie Fließstrecke der Donau in einer österreichischen Beckenlandschaft und mit ihr die größte zusammenhängende, ökologisch weitgehend intakte Auenlandschaft dieser Art in Mitteleuropa.

Im 1996 gegründeten **Nationalpark Donau-Auen** leben heute mehr als 700 Arten höherer Pflanzen, mehr als 30 Säugetier-, 100 Brutvogel- und 50 Fischarten sowie acht Reptilien- und 13 Amphibienarten. Rechnet man die land- und wasserlebenden Insekten hinzu, kommt man auf rund 5000 Tierarten.

38 Kilometer lang und an seiner breitesten Stelle nur vier Kilometer breit ist der Nationalpark, der sich wie ein grünes Band durch die Ebene zwischen Bratislava und Wien zieht. Am nördlichen Rand schließt das Marchfeld an, am südlichen begrenzt die Abbruchkante des Wiener Beckens den geschützten Lebensraum, der zu 65 Prozent aus Auwäldern, 20 Prozent aus Gewässern und 15 Prozent aus Äckern, Wiesen und anderen Flächen besteht.

Beim Paddeln Natur sehen, riechen und schmecken

Uh, wie das riecht! Nasen werden gerümpft, Münder zusammengekniffen, Köpfe zurückgezogen, als Peter Trampota zum zweiten Mal das Paddel herumreicht. Auf der Spitze des roten Blatts liegt ein kleines, harmlos ausschauendes Häufchen Erde. Was so stinkt, sieht man nicht: „Castoreum, auch Bibergeil genannt", erklärt der Ranger, der sich sichtlich freut, diesen

Altarm im Nationalpark Donau-Auen

Fang gemacht zu haben. Wie die Teilnehmer der Schlauchbootexkursion in die Auen gerade gelernt haben, sind die zahlreichen Schneisen entlang des Altarms **Biberrutschen.** Die Tiere gehen hier nicht nur ins Wasser, sondern markieren ihr Revier auch mit einem Sekret aus ihren Drüsensäcken, „einem komplexen Gemisch von chemischen Verbindungen, die wahrscheinlich aus Sekundärmetaboliten des Urins gebildet werden", lehrt uns Wikipedia, als wir wieder zu Hause sind.

Bei den **Bootstouren,** die der Nationalpark Donau-Auen vom **Uferhaus Orth** aus anbietet, bekommt man die Natur buchstäblich unter die Nase gerieben. Aber auch die anderen Sinnesorgane können sich über einen Mangel an Eindrücken nicht beklagen. Wo ein großes Stoppschild mit dem Hinweis **„Fischschongebiet"** an einem Baum hängt, legen wir mit dem Boot an einer Kiesbank an, schlüpfen dankbar aus den für diesen wolkenlosen Junitag viel zu warmen Schwimmwesten und klettern über den Bootsrand an Land, das hier mit dem Auwasser buchstäblich verschwimmt. Um sich noch mehr wie eine Amphibie zu fühlen, kann man die Schuhe ausziehen und barfuß durch Kies und weiche Erde waten, während hohe Grashalme die Beine kitzeln.

Wo das Wasser eine Art Tümpel bildet, schwimmen **Rotfedern** hin und her. Wasserfrösche springen platschend dazu, als sich die Gruppe nähert. **Peter Trampota,** der 1984 die Besetzung der Hainburger Au mitgeplant und umgesetzt hat, imitiert das Quaken eines **Froschs,** um versteckte Prinzen aus ihrem Nachmittagsschlaf zu wecken. Doch er muss lange bitten, damit sie von sich hören lassen.

Ziesel

Reiher

Wo sich die Frösche der schläfrigen Wärme des Nachmittags hingeben, versperrt ein umgefallener Baum den ehemaligen Durchfluss. „Ein gefundenes Fressen für die **Reiher**", sagt der Ranger mit Blick auf die Fische im Wasser. Sollte die Sonne in den nächsten Wochen ungehindert vom Himmel brennen, könnten die Rotfedern ein Opfer der Trockenheit werden. Wie das Schicksal der Tiere vom Wetter abhängt, macht Trampota auch bei einem Blick auf das gegenüberliegende Ufer deutlich. Vor zwei Jahren sei dort nach dem Hochwasser noch ein durchgehender Steilhang gewesen. „Ideal für den Diamanten der Donauauen, den Eisvogel", erklärt er. Weil der Hang inzwischen wieder abgerutscht und bewachsen ist, seien die Bedingungen für den Eisvogel nicht mehr ideal, da Fressfeinde ungehindert Zugang zu den Nisthöhlen hätten.

Einen Eisvogel sehen wir leider nicht auf dieser Exkursion und auch keines der drei **Seeadlerpaare,** die im Nationalpark leben. Die scheuen Biber lassen sich ebenfalls nicht blicken. Doch Peter Trampota stöbert ein anderes Tier in seinem Versteck auf: Ein mächtiger, von grauem Zunderschwamm und gelbem Schwefelporling durchsetzter Baumstamm, der beim letzten Hochwasser ein paar Meter oberhalb der derzeitigen Wasserlinie gestrandet ist, bietet nicht nur Asseln, Tausendfüßlern und Spinnen Lebensraum. Als der Ranger vorsichtig ein großes Rindenstück lockert, plumpst etwas Langes, Dünnes auf den Boden und schlängelt sich eilig davon: „Eine kleine Ringelnatter!"
Bedeckt halten sich auch andere Tiere, die hier leben: Die zusammengerollten Blätter auf dem Weg, über die wir bislang immer achtlos hinweggegangen

sind, bergen die Eier und später die Larven eines glänzenden Käfers, dem diese Art der Brutfürsorge seinen Namen gab: **Pappelblattroller**. So sorgfältig parallel zur Längsachse sind die Blätter aufgerollt, dass jedem einzelnen die technisch anspruchsvolle Wickeltechnik anzusehen ist. Beim Weitergehen achten wir besser darauf, wohin wir unsere Füße setzen. Das kommt auch den winzigen Schnecken zugute, denn sobald es unter dem Schuh knirscht, ist das Todesurteil durch Austrocknung über die braune **Baumschnecke** oder die gelbe **Schnirkelschnecke** verhängt.

Von anderen Tieren finden sich die **Spuren** an feuchten Stellen des Wegs. „Diese hier könnte von einem hundeartigen Tier stammen, einem Fuchs vielleicht oder einem Marderhund", vermutet Peter Trampota. Wenn die menschlichen Besucher wieder weg sind, muss im Auwald überhaupt einiges los sein: „Dieses Wildschwein ist in die Richtung gelaufen, und das Tier hier – es könnte ein Hirsch gewesen sein – in die entgegengesetzte."

Die Augen sehen plötzlich mehr, die Nase riecht besser und auf den Geschmack wird man auch gebracht: „Die Blüten von **Brennnesseln** kann man essen", erläutert der Ranger seiner skeptisch dreinschauenden Gruppe und greift sich beherzt einen Stängel, um ihn abzubrechen. Vorsichtig zwicken Erwachsene und Kinder Blüten ab, noch vorsichtiger schieben sie diese in den Mund. Weiß man, ob es nicht doch brennt? Doch die knusprige Blüte schmeckt nur etwas würzig.

Gleich neben den Brennnesseln wächst eine Pflanze, die in früherer Zeit als Gemüse auf dem Teller landete und deren junge Blätter auch als Salat schmecken: Der **Giersch**, reich an Kalium, Vitamin C, Karotin und Eisen. Die **Walnüsse**, die am Boden liegen, sind noch nicht reif, aber Trampota wäre nicht Ranger im Nationalpark, wenn er nicht auch sie sinnlich zugänglich zu machen wüsste. „Ein bisschen wuzeln und dann riechen", empfiehlt er. Nur nicht zu sehr, sonst färbt der Saft die Finger dauerhaft braun. Bei einer Wiese, die gerade gemäht wurde, endet der Abstecher. Der Mensch muss eingreifen, um die Pflanzenvielfalt auch dort zu erhalten, sonst erobert sich der Wald in Windeseile das Terrain. Hinter der Wiese erhebt sich der **Marchfeldschutzdamm**, der gerade noch dem Hochwasser von 2013 standgehalten hat, wie die Markierungen an einem Wegweiser zeigen.

Vollgepumpt mit Sinneseindrücken gehen wir zurück zum Boot, schlüpfen in die von der Sonne aufgeheizten Schwimmwesten und setzen uns auf den ebenfalls warmen Plastikwulst, der den Bootsrand bildet. Wäre man jetzt noch einmal sechs Jahre alt, könnte man so wie die Kinder gemütlich vorn im Bug sitzen und einen Fuß ins kühle Wasser hängen lassen. Die Erwachsenen allerdings müssen wieder zu den Paddeln greifen.

Bevor wir anlegen, hält der Ranger noch ein kleines Abenteuer für uns bereit und lässt uns auf Höhe des Uferhauses ein Stück hinaus in die schnelle **Strömung der Donau** paddeln, um uns vom Kehrwasser an Land treiben zu lassen. Die Nerven kitzeln, als uns die Strömung mitzureißen droht. Doch der erfahrene Ranger am Ruder bleibt ruhig und rät seiner Mannschaft dasselbe: „Kräftig, aber nicht hektisch paddeln!" Tatsächlich landen wir wie beabsichtigt wenige Sekunden später am Slipplatz. Beim Aussteigen müssen wir allerdings schnell sein: Sollte ausgerechnet jetzt ein großes Schiff vorbeikommen, können die Wellen so hoch werden, dass sie bis ins Schlauchboot schwappen, wo noch Rucksäcke und Schuhe liegen. Wir tragen das Boot zurück zum Anhänger und heben es hinauf. Der Bürgermeister von Orth an der Donau höchstpersönlich wird sich darum kümmern, dass es wieder sauber und gegebenenfalls geflickt ist, um die nächste Gruppe auf dem grünen Donauwasser in den Auendschungel zu transportieren. Die Brennnesseln werden dann vielleicht schon verblüht sein, die Larven des Pappelblattrollers werden sich verpuppt haben. Aber im artenreichen Nationalpark Donau-Auen wird Peter Trampota mit Sicherheit andere Tiere und Pflanzen zum Anschauen, Schmecken, Riechen und Hören finden.

Unterwasserballett im Nationalpark-Zentrum Orth

Abtauchen in die Tierwelt der Donauauen und dabei trockene Füße behalten, das ermöglicht das **Freigelände des Nationalpark-Zentrum Donau-Auen.** In der begehbaren **Unterwasserstation** auf der sogenannten **Schlossinsel** hinter dem Schloss Orth rückt auf Augenhöhe, was sonst unter der Wasseroberfläche verborgen ist. Eine Treppe führt hinunter auf den Grund des Teichs, wo hinter dem großen Panoramafenster silbrig glitzernde Fische vorbeischwimmen. Wenn die Sonne wie ein Scheinwerfer ins Wasser leuchtet, ist die Sicht auf die Schwärme am besten. Wie Darsteller eines Unterwasserballetts tauchen sie über den Köpfen der Besucher auf und scheinen mit ihren Bewegungen einer geheimen Choreografie zu folgen.

Von Liegestühlen aus lässt sich die lautlose Vorstellung aus der ersten Reihe verfolgen. Sogar ein Programmheft gibt es: Auf einer Tafel vor der Scheibe sind die Darsteller aufgezeichnet und benannt. Wer auch Augen für das Bühnenbild hat, erkennt im grünen Licht am Grund des Teichs vielleicht jene Holzstrukturen, die aus dem 16. Jahrhundert stammen und vermutlich Teil einer **Schiffsanlegestelle der Wasserburg Orth** waren. Andere, weiter oben eingebaute Fenster ermöglichen den Blick auf die Flora und Fauna der Uferbereiche und der Wasseroberfläche.

Eine Zirkusvorstellung geben die **Ziesel,** die wenige Meter vom Teich entfernt wohnen und überraschend mal hier, mal dort aus ihrem unterirdischen Bau in die von Gras bewachsene Manege schlüpfen. Wenn die kleinen Nager Männchen gemacht und aus ihren dunklen Mandelaugen die Besucher betrachtet haben, verschwinden sie wieder in den Tiefen ihres Baus, um kurz darauf an anderer Stelle ans Tageslicht zu kommen.

Zu den Nachbarn der Ziesel gehören auch **Europäische Sumpfschildkröten,** die auf den Baumstämmen in einem Tümpel wie lebende Statuen Sonnenwärme tanken. Im **Amphibientümpel** vermehren sich Rotbauchunken und Frösche, im Schlangengehege verstecken sich Äskulap-, Ringel- und Würfel-

Nationalpark Donau-Auen: Artenreichtum auf 38 Kilometern

Au-Terrasse Stopfenreuth

natter und in das **Insektenhotel** sind die Wildbienen eingezogen. Eine Brücke führt zum **Erlebnisweg am Fadenbach** und damit aus der konzentrierten Aulandschaft hinaus in die Weite des Nationalparks.

Zelten und Baden an der Au-Terrasse Stopfenreuth

Wer mitten in der Natur übernachten möchte, kann sein Zelt neben der **Au-Terrasse bei Stopfenreuth** aufschlagen. Während Campen und Feuermachen im restlichen Nationalpark verboten sind, dürfen Radler, Kanuten und andere Frischluftfans auf der Wiese neben der Terrasse zwei Nächte bleiben und über der offenen Feuerstelle eine Mahlzeit zubereiten.

Der hübsche **Donaustrand** lädt zum Ausruhen und Steinesammeln ein, wobei die vorbeiziehenden Kreuzfahrtschiffe, TwinCityLiner und Schubverbände ein abwechslungsreiches Unterhaltungsprogramm bieten. Dank einer Buhne, einer Wand, die vor der starken Strömung schützt, ist eine kleine Badebucht entstanden.

Die zweigeschossige und damit hochwassersichere **Au-Terrasse,** 2006 nach Plänen des Architekten Thomas Mathoy errichtet, beherbergt grundsätzlich auch Toiletten und einen Kiosk. Doch knapp zehn Jahre nach dem Bau ist beides geschlossen. Wer an einem der Tische auf der oberen Etage picknicken möchte, ist also gut beraten, Essen und Getränke selbst mitzubringen.

Als Alternative bietet sich das **Forsthaus Stopfenreuth** an, das nach rund 1,5 Kilometern über die Uferstraße zu erreichen ist. Wer sich mit Karpfen serbisch oder gebacken, Forelle gebraten

Unterwegs mit dem Schlauchboot   Europäische Sumpfschildkröte

oder Autascherln gestärkt hat, geht auf der gelb markierten Donaurunde weiter und erreicht nach der **Brücklwiese,** dem Ausgangspunkt der Au-Besetzung gegen das geplante Donaukraftwerk 1984, und dem erneuten Queren des Marchfelddamms den **Rosskopfarm,** wo der Tisch für die Reiher reich mit Fisch gedeckt ist. Wer sich dem **Altarm der Donau** leise nähert, hat die Chance, die prächtigen, bis zu einen Meter großen Silberreiher bei der Nahrungssuche aus der Nähe zu beobachten. Sonst kann man allenfalls noch die Flügelspannweite der davonfliegenden Vögel bestaunen, die bis zu 170 Zentimeter erreicht.

Info-Stellen

Nationalpark-Zentrum Schloss Orth
2304 Orth/Donau
www.donauauen.at
Geöffnet 21. März bis 30. Sept. 9–18 Uhr, 1. Okt. bis 1. Nov. 9–17 Uhr.

Nationalparkhaus wien-lobAu
Dechantweg 8
1220 Wien
www.nph-lobau.wien.at
Geöffnet März bis Okt. Mi. bis So. 10–18 Uhr, sonst jeden 1. Mi. bis So. im Monat 9–16 Uhr.

Nationalpark-Forstverwaltung Lobau
Dr.-Anton-Krabichler-Platz 3
2301 Groß-Enzersdorf
Geöffnet Mo. bis Fr. 8–15 Uhr.

Schloss Eckartsau
2305 Eckartsau
www.schlosseckartsau.at
Geöffnet April bis Okt. tägl. 10–17 Uhr.

Altarm der Donau bei Regelsbrunn

Naturlehrpfad Obere Lobau

Start/Ziel: Bushaltestelle Wien Raffineriestraße/Biberhaufenweg
Länge: 5 km
Karte: Lobau-Wanderkarte
Route: Vorbei am Nationalparkhaus Wien-lobAU zur Dechantlacke. Über die Heißlände zum Josefsteg, durch die Kastanienallee zum Grundwasserwerk, über Felder zum Nationalpark-Eingang Saltenstraße. Am Waldrand zur Aussichtsplattform am Tischwasser, über die Heißlände zurück zum Josefsteg und zum Nationalparkhaus an der Bushaltestelle.

Themenweg Haslau – Der Bienenfresser im Au-Dschungel

Start/Ziel: Bahnhof Haslau
Länge: 6 km
Karte: Download unter www.donauauen.at oder Folder beim Infopunkt Hauptstraße
Route: Am Bahnhof die B9 queren, durch die Bahnstraße und die Hauptstraße zum Infopunkt. Von dort entlang der Ausschilderung „Themenweg Haslau" durch den Ort, vor der Traverse rechts in den Auwald. Vorbei an mehreren Stationen zur Aussichtsplattform und zum Spielplatz. Durch die Baumgasse zurück zur Bahnstraße und zum Bahnhof.

Von Maria Ellend nach Regelsbrunn

Start: Bahnhof Maria Ellend
Ziel: Bahnhof Regelsbrunn
Länge: 10 km
Karte: Wander-, Rad und Freizeitkarte WK 013, Wandern im Nationalpark Donau-Auen oder Download unter www.donauauen.at
Route: Am Bahnhof Richtung Wien gehen, B9 an der Ampel queren, links und gleich wieder rechts, Wegweiser „Nationalpark Donau-Auen" Richtung Donau durch die Römerstraße und einen Fußweg folgen. Gegenüber der Kläranlage rechts hinunter zum Nationalparkeingang, rechts Richtung Haslau, entlang des Steilhangs Richtung Osten. Altarm queren, an der Donau rechts, auf dem Treppelweg bis zur Abzweigung nach Regelsbrunn. Altarm queren, im Ort links durch die Bauernzeile, an der B9 links, rechts durch den Bahnweg zum Bahnhof.

Stopfenreuther Donaurunde

Start/Ziel: Bahnhof Bad Deutsch-Altenburg
Länge: ca. 11 km
Karte: Wander-, Rad- und Freizeitkarte WK 013
Route: Vom Bahnhof über Fußgängerbrücke und Treppe hinunter zur Kreuzung, halblinks gegen die Einbahnstraße in den Bahnweg, rechts in die Neustiftgasse. Beim Café Carnuntum Hainburgerstraße queren, durch die Badgasse und das Kurzentrum zum Archäologischen Museum Carnuntinum. Am Kreisverkehr rechts, auf dem Fußweg nördlich der Straße zur Donaubrücke, unterqueren, über die Rampe hinauf auf die östliche Seite der Brücke, Donau queren. Über die Treppe am nördlichen Ufer hinunter zum Treppelweg, Richtung Wien zur Au-Terrasse (Badeplatz). Von dort dem gelb markierten Wanderweg folgen und über die Uferstraße zunächst zum Forsthaus Stopfenreuth, dann Richtung Nordwesten am Ortsrand entlang über den Damm. Scharf links über die Brücklwiese, Marchfelddamm und Rosskopfarm queren, scharf links in den Treppelweg zur Au-Terrasse. Auf demselben Weg zurück zum Bahnhof.

Bootstouren

Geführte Exkursionen mit Kanu, Schlauchboot oder Tschaike bietet der Nationalpark Donau-Auen an. Die Halb- oder Ganztagsexkursionen führen vom Uferhaus Orth oder von Stopfenreuth in die Seitenarme der Donau. Außerdem fährt das NationalparkBoot von Wien in die Lobau. Für nähere Informationen siehe Seite 152.

Marchauen: Lebensraum im ehemaligen Niemandsland

Schöner als diese kann eine Grenze kaum sein. Traditionsreicher auch nicht: Seit dem 11. Jahrhundert ist die March ein Grenzfluss. Vom Regierungsantritt der Habsburger in Ungarn 1526 bis zur Auflösung der Donaumonarchie 1918 zog der österreichisch-slowakische Abschnitt die Binnengrenze. Bis 1806 war die March Außengrenze des Heiligen Römischen Reiches. Doch bereits in der Antike galt dieser westlichste Steppenfluss Europas als schwer zu überwindendes Hindernis, weshalb die Römer ihre Kette aus Kastellen, Wachtürmen und Legionslagern, in der auch Carnuntum ein Glied war, am südlichen Ufer der Donau auslegten. Wo heute die „Fahrradbrücke der Freiheit" zwischen Schloss Hof und Devínska Nová Ves einen Bogen spannt, gab es zu schon zu Zeiten Maria Theresias eine Steinbrücke, die allerdings mehrmals von Eis und Krieg zerstört und schließlich durch eine Fähre ersetzt wurde. 1848 schlug die Eisenbahn eine weitere Brücke über die March, bevor sich knapp 100 Jahre später der Eiserne Vorhang über den Marchauen schloss.

Was die Menschen trennte, beflügelte Tiere und Pflanzen, die im Niemandsland zwischen West und Ost ungestört leben konnten. Während auf österreichischer Seite die **Kamp-Thaya-March-Radroute** im Marchfeld recht weit entfernt vom Fluss über Straßen führt (aber zum Teil auf die Krone und die Begleitwege des sanierten Marchfeldschutzdamms verlegt werden soll), wird der Radweg auf slowakischer Seite zwischen Angern und Devínska Nová Ves Teil des grünen Bands: Erst formt die weiter vom Fluss entfernte Hartholz-Au mit ihren Eichen und Eschen, dann die weiche Au mit Weiden und Schwarzpappeln einen grünen Tunnel für diesen Abschnitt des **„Iron Curtain Trail"**, eines europäischen Fernradwegs von der Barentssee bis zum Schwarzen Meer (siehe auch Seite 108). Ab und zu gibt das Dickicht des Auwalds den Blick frei auf das grünbraune Wasser der March, in das Trauerweiden ihre Zweige hängen lassen.

Nicht recht zur verträumten Kulisse passt ein rostiges Schild am Ufer, dessen knallrote Aufschrift „Pozor! Štatna hranica" („Achtung! Staatsgrenze") offenbar von Pistolenkugeln durchlöchert wurde. Doch auch wenn die Spuren, die gewaltsame Eingriffe des Menschen in der Landschaft hinterlassen haben, nicht zu übersehen sind, erscheint die grünbraune Grenze im Licht der Septembersonne friedlich.

Dass von Beginn des 20. Jahrhunderts bis in die 1960er-Jahre hinein mehr als

Radparadies Marchauen

90 Prozent des Flusses reguliert wurden und das Überschwemmungsgebiet nach dem Bau von **Hochwasserschutzdämmen** nur noch 20 Prozent der ursprünglichen Fläche einnimmt, ist auf den Tafeln zu lesen, die den Weg durch das **Naturschutzgebiet Dolný les** säumen. Auch der **Altarm,** den man im Abstand von wenigen Metern entlangradelt, hat auf diese Weise den Kontakt zur March verloren. Vom stehenden Gewässer profitieren mehr als 20 Arten von Stechmücken und mit ihnen die Frösche, die beim Näherkommen platschend in das verlandende Biotop springen. Am Horizont fliegt ein Silberreiher auf und landet kurz darauf wieder auf einer der **Feuchtwiesen.** Zusammen mit den Auwäldern, Altarmen und Tümpeln, die durch den Einfluss des pannonischen Klimas unmittelbar neben sehr trockenen Standorten liegen, bieten sie Lebensraum für viele gefährdete Tier- und Pflanzenarten, die die March- zusammen mit den Thayaauen entlang der Grenze zu Tschechien zu einer außergewöhnlich vielfältigen Flusslandschaft machen.

Schule des Quakens im WWF-Auenreservat Marchegg

Rotbauchunken, Wasser-, Spring- und Moorfrösche sowie Erdkröten leben in dem 1100 Hektar großen Überschwemmungsgebiet der March zwischen Zwerndorf und Marchegg. Auf dem **Unkenweg,** einem der drei ausgeschilderten Wege, die von Marchegg aus durch das **WWF-Auenreservat** führen, kann man sie nicht nur zu sehen, sondern auch zu hören bekommen und vielleicht sogar lernen, den dumpfen Ruf der Rotbauchunke vom hellen Quaken des Wasserfroschs zu unterscheiden.

Marchauen: Lebensraum im ehemaligen Niemandsland

Unterwegs ...   ... entlang der March

Nicht zu sehen bekommt man im Naturschutzgebiet die berühmten Biberburgen, denn in den Marchauen findet der Vegetarier genug steile Uferböschungen zum Wohnen. Aber zumindest seine Nage- und Fußspuren sind auf dem **Biberweg** zu entdecken.

Der **Storchenweg** stellt die bekanntesten Bewohner des WWF-Auenreservats vor, die ab Mitte März rund um Schloss Marchegg oder auf dem Schloss selbst landen. Etwa 40 bis 50 Paare brüten in den Horsten jene drei bis vier Eier aus, die die Störchin meist noch im April gelegt hat. Wenn die Jungen nach einem Monat geschlüpft sind, beginnt für die Storcheneltern der anstrengende Teil: Drei bis vier Kilogramm Futter müssen sie täglich erbeuten, damit die Jungen nicht verhungern.

Mehr über die größte baumbrütende Storchenkolonie Mitteleuropas erfährt man in der Ausstellung im **Schloss Marchegg**. Und wie es einer Storchenfamilie in ihrem runden Heim im angrenzenden Schlosspark geht, zeigt eine Kamera, deren Bilder im Storchenhaus Marchegg gleich neben dem Eingang zum Schlosspark zu sehen sind. Von dort aus werden Exkursionen mit Naturführern angeboten, bei denen man mit etwas Glück vielleicht einen Schwarzstorch sieht, einen seltenen und scheuen Gast im WWF-Auenreservat, der wegen seiner verborgenen Lebensweise auch Waldstorch genannt wird.

Apropos Wald: Die **Flora** im Naturschutzgebiet hat ebenfalls Besonderes zu bieten. Die Kopfweiden zum Beispiel schlagen mit ihrer charakteristischen Form eine Brücke von der Natur zur Kultur. Ihre biegsamen Triebe werden traditionell zum Korbflechten verwendet.

Noch näher als beim Wandern kommt man den Tieren und Pflanzen der Marchauen mit dem **Boot**. Wenn sich das Kanu in die Strömung schmiegt und die Paddel mit leisem Plätschern ins Wasser stechen, kehrt auch innerlich Ruhe ein. Man sieht die Ufer vorbeigleiten, atmet den leicht modrigen Geruch von feuchter Erde und spürt die Kühle des Wassers an der eingetauchten Hand. Schwemmufer, Kies- und Sandbänke laden zum Rasten ein.

Entlang der March

Start: Bahnhof Angern an der March
Ziel: Bahnhof Devínska Nová Ves
Länge: ca. 30 km
Karte: Wander-, Rad- und Freizeitkarte WK 013
Route: Vom Bahnhof auf der Bahnstraße Richtung Süden, B49 queren, Richtung Osten der Ausschilderung „Fähre" folgen. Nach der Überfuhr Záhorská Ves Richtung Osten durchqueren, bei der Radweg-Ausschilderung rechts, auf dem „Iron Curtain Trail" bzw. dem Eurovelo 13 Richtung Vysoká pri Morave, dabei am Ortsausgang von Záhorská Ves links unterhalb des Marchdamms bleiben. Durch die Felder und das Naturschutzgebiet Horný les nach Vysoká pri Morave, am südlichen Ortsausgang kurz auf den Damm und gleich wieder links hinunter Richtung Devínska Nová Ves (kürzere 17,5-Kilometer-Variante). Auf dem asphaltierten Lehrpfad durch das Naturschutzgebiet Dolný les, hinter dem Altarm rechts. Nach etwa fünf Kilometern links Richtung Devínska Nová Ves vlak, rechts auf der Straße vorbei am Industriegebiet zur Hauptstraße, links. Bahnstrecke unterqueren und links zum Bahnhof (ZSR).

Unkenweg

Start/Ziel: Marchegg, Eingang zum WWF-Auenreservat nordwestlich vom Schloss
Länge: 4 km
Karte: Wander-, Rad- und Freizeitkarte WK 013
Route: Hinter der Informationsstelle links auf den grün markierten Rundweg, hinter dem Beobachtungsstand scharf links auf den Marchfeldschutzdamm. Auf der Dammkrone zurück zum Ausgangspunkt.

Biberweg

Start/Ziel: Marchegg, Eingang zum WWF-Auenreservat nordwestlich vom Schloss
Länge: 7 km
Karte: Wander-, Rad- und Freizeitkarte WK 013
Route: Hinter der Informationsstelle links auf den blau markierten Rundweg, nach etwa 800 Metern rechts zum Beobachtungsstand Mariza. Durch den Wald und über die Holzwiese zum Marchfeldschutzdamm. Auf der Dammkrone zurück zum Ausgangspunkt.

Marchauen: Lebensraum im ehemaligen Niemandsland

Weißstorch

Wasserfrosch

Storchenweg

Start/Ziel: Marchegg, Eingang zum WWF-Auenreservat nordwestlich vom Schloss
Länge: 2 km
Karte: Wander-, Rad- und Freizeitkarte WK 013
Route: Hinter der Informationsstelle links auf den rot markierten Rundweg. Nach etwa 800 Metern links zum Beobachtungsstand. Auf dem Marchfeldschutzdamm zurück zum Ausgangspunkt.
Die Wegbeschreibung vom Schloss zum Bahnhof Marchegg finden Sie auf Seite 63.

Kanutouren

Kanutouren organisieren zum Beispiel der **WWF** und der **Verein Auring** sowie der Naturvermittler **Martin Gleiss.** Wer den rund 17 Kilometer langen Abschnitt der March zwischen Angern und Marchegg selbstständig erkunden möchte, sollte etwa vier Stunden Fahrtzeit einplanen. Veranstalter und Bootsverleihe finden Sie auf Seite 152 f.

Storchenhaus Marchegg	Geöffnet Ende März
Eingang zum Schlosspark	bis Ende Okt. tägl.
2293 Marchegg	9:30–16 Uhr.

Marchfeldkanal: Infotainment abseits des Autoverkehrs

Eine der besten, jedenfalls aber eine der am besten vermarkteten Radrouten durch das Marchfeld verläuft entlang jenes Gewässernetzes, dessen Namen sie trägt: 62 Kilometer des insgesamt 100 Kilometer langen Marchfeldkanalsystems werden von einem Weg begleitet, der 2004 eröffnet und zehn Jahre später neu „inszeniert" wurde, wie es Tourismusfachleute nennen. Im Fall des **Marchfeldkanals** und des **Rußbachs** stellten sie jeweils rund zehn Kilometer unter die Mottos „Marchfeldschlösser", „Natur und Kunst", „Spargel und Co.", „Napoleon" und „Marchfeldkanal".

Wer möchte, bremst sein Fahrrad bei jeder der zahlreichen **Schautafeln** am Wegrand, die neben Informationen zum Beispiel über Wasserbau, Hofläden oder die Schlacht bei Wagram 1809 auch Infotainment und Unterhaltung bieten, etwa mit einem Gemüsequiz oder einem barocken Bilderrahmen mit Schloss Niederweiden im Hintergrund. All das ergibt mit zahlreichen Picknickplätzen in der doch eher einförmigen Landschaft einen recht abwechslungsreichen Radweg. Abseits vom Autoverkehr und oft windgeschützt erlebt man auf dem zumeist geschotterten Begleitweg von der Donau bis Schloss Hof radelnd mehr Natur, als ursprünglich geplant war. Denn entstanden ist das System aus Rußbach, Obersiebenbrunner Kanal, Stempfelbach und Marchfeldkanal, um den landwirtschaftlichen Ertrag zu sichern.

Zwar besitzt das Marchfeld **eines der größten zusammenhängenden Grundwasservorkommen** Österreichs. Doch durch wenig Niederschlag und intensive Bewässerung war der Grundwasserspiegel immer wieder dramatisch abgefallen, außerdem war das Wasser durch intensive Düngung stark mit Nitrat belastet. Die Lösung war, bei Langenzersdorf hochwertiges Wasser aus der Donau in die Region zu leiten und dort zu verteilen. Acht **Wehranlagen** steuern nun Wasserstände und Durchflüsse.

Wer bei **Gerasdorf** mit dem Rad oder zu Fuß startet, lernt das wassertechnische Bauwerk mit seinen Versickerungsanlagen, Hochwasserwarnstationen und Brücken näher kennen. In **Deutsch-Wagram** enden der Wanderweg und der erste Abschnitt des Radwegs am Gebäude der Betriebsgesellschaft, und Napoleon übernimmt wie schon 1809 das Kommando. Auch wenn man als militärstrategischer Laie etwas ratlos vor den schematischen Darstellungen der Korps und ihrer Angriffslinien steht,

Marchfeldkanal, im Hintergrund der Thebener Kogel

kann man sich bei einem Blick über den Rußbach Richtung Wien doch vorstellen, wie schwierig es für die angreifenden Franzosen war, das versumpfte Gelände im Abwehrfeuer zu überwinden.
Vom Gemüse und Getreide auf den Feldern blieb damals nicht mehr viel übrig. Heute allerdings wächst vieles im Marchfeld, was damals noch nicht angebaut wurde. Auf dem Themenabschnitt **„Spargel und Co."** gibt es nicht nur Informationen über Gemüse, sondern auch Hinweise auf Hofläden, in denen man es kaufen kann.
Dass außer dem Biber auch andere **Tiere** am und im Marchfeldkanalsystem heimisch wurden, ist im Anschluss zu erfahren. Im Wasser, das mit langsamen und schnell durchströmten Abschnitten abwechslungsreich gestaltet wurde, leben **mehr als 50 Fischarten**, unter ihnen Brachsen, Wildkarpfen und die seltenen Frauennerflinge, die die Strömung mögen, zum Laichen aber strömungsarme, dicht bewachsene Uferzonen brauchen.
Wer im östlichen Marchfeld angekommen ist, aber noch zu den Schlössern oder in den Nationalpark Donau-Auen weiterradeln möchte, findet im letzten Abschnitt des Radwegs die passenden Informationen. Und wen es noch weiter Richtung Osten zieht, der hat über die „Fahrradbrücke der Freiheit" Anschluss nach Devínska Nová Ves und Bratislava.

Marchfeldkanal-Radweg

Start: Bahnhof Gerasdorf
Ziel: Bahnhof Devínska Nová Ves
Länge: ca. 54 km
Karte: Radkarte Marchfeldkanal-Radweg
Route: Vom Bahnhof durch die Ostbahngasse Richtung Norden. Marchfeldkanal queren, rechts und über Deutsch-Wagram, Markgrafneusiedl, Leopoldsdorf, Fuchsenbigl und Haringsee nach Schloss Hof. Von dort der Beschilderung der „Carnuntum-Schloss-Hof-Bratislava-Tour" über die Freiheitsbrücke bis Devínska Nová Ves folgen. Im Ort links über die Hauptstraße zum Bahnhof.

Radweg entlang des Marchfeldkanals

Marchfeldkanal-Wanderweg

Start: Bahnhof Gerasdorf
Ziel: Bahnhof Deutsch-Wagram
Länge: ca. 8 km
Karte: Wander-, Rad- und Freizeitkarte WK 013
Route: Vom Bahnhof durch die Ostbahngasse Richtung Norden. Marchfeldkanal queren, rechts nach Deutsch-Wagram. An der Info-Tafel „Deutsch-Wagram" den Rußbach verlassen und links ab in die Sachsenklemme, durch die Franz-Mair-Straße zur Kirche. Durch Kirchengasse und Friedhofallee weiter zur Bahnhofstraße, links zum Bahnhof.

Kanutouren

Am besten eignet sich der Abschnitt zwischen der Grenzbrücke (zwischen Gerasdorf und Stammersdorf) und der Schwarzlackenau in Strebersdorf. Für diese acht Kilometer lange Strecke benötigt man hin und retour etwa fünf bis sechs Stunden. Wer einen der scheuen Biber zu Gesicht bekommen möchte, hat während der Dämmerung die besten Chancen.

Trappen, Triele und andere seltene Vögel

Für einige Tiere ist das oft als Agrarsteppe bezeichnete Marchfeld kein verlorener Lebensraum: Rund 16.000 Hektar umfasst das **Natura-2000-Gebiet „Sandboden und Praterterrasse"**, zu dem das **Trappenschutzgebiet** im Umfeld von Haringsee und das **Trielgebiet** bei Markgrafneusiedl gehören.

Großtrappen mögen vorwiegend offene, über weite Strecken baum- und strauchlose Kulturlandschaften wie das Marchfeld. Was sie nicht mögen, sind Traktoren, die während der Brutzeit über die Felder fahren und Pflanzenschutzmittel versprühen, und Mähdrescher, die während der Erntezeit die Jungvögel bedrohen. Auch Stromkabel können lebensbedrohlich werden für die Großtrappen, die mit einem Gewicht von bis zu 16 Kilogramm zu den schwersten flugfähigen Vögeln der Welt gehören. Um ihren Lebensraum im Marchfeld zu schützen, lassen die Landwirte zwischen Rußbach und Haringsee einen Teil der Fläche für die Brut brachliegen und bewirtschaften den Rest so, dass Maschinen und Pflanzenschutzmittel den bodenlebenden Vögeln nicht in die Quere kommen. Markierungen an den Hochspannungsleitungen sollen gefährliche Kollisionen verhindern.

Wie viele Hennen und Hähne dank dieser Schutzmaßnahmen im Trappenschutzgebiet Haringsee leben, ist schwer zu sagen: „Die Vögel fliegen recht weit herum, sodass man die gesamte westpannonische Population im Zusammenhang betrachten muss", erklärt der Biologe **Rainer Raab**, der das Schutzgebiet seit 1999 betreut: „Es gibt Jahre, in denen im Marchfeld gar kein Hahn zu sehen ist und die etwa fünf bis zehn Hennen trotzdem Eier legen." Bei den Großtrappen würden männliche und weibliche Tiere weitgehend getrennt voneinander leben, weshalb die Hennen bei der Aufzucht der Jungen auf sich allein gestellt seien. Bei der Balz dagegen halten sich die Hähne nicht zurück. Indem sie die weiße Unterseite ihres braungrauen Flügelgefieders nach oben stülpen, versuchen sie das Interesse der Hennen auf sich zu lenken. Menschen bekommen die störungsempfindlichen und scheuen Großtrappen allerdings meistens nur auf der Schautafel am Marchfeldkanal-Radweg zu sehen.

Rainer Raab betreut außerdem noch einen anderen seltenen Vogel im Marchfeld: Der sandfarbene **Triel**, dessen Beine und Augen auffallend gelb sind, brütet in der Nähe von Markgrafneusiedl. Drei bis sieben Brutpaare würden mittlerweile das Gelände der Schottergruben bewohnen und damit zeigen, dass Wirtschaft und Natur kein Gegensatz sein müssen. „Früher nutzten die Triele Schotterflächen in den Flussauen, heute sind es die Schottergruben", erklärt Rainer Raab. Mit dem Vogelschutz vertrage sich auch der Plan von vier Unternehmen, auf einem Kiesabbau- und Deponiegelände aus Bauschutt und Erdaushub den sogenannten **Marchfeldkogel** aufzuschütten: „Dem Triel ist es relativ egal, wenn das Gelände ein bisschen hügelig ist."

Zu den Bodenbrütern, die seit 2009 unter dem Schutz des Natura-2000-Gebiets stehen, gehören neben **Wiesenweihen** und **Brachpiepern** auch **Ziegenmelker**. Sie schätzen zum Brüten besonders die offenen Bodenstellen in den Naturschutzgebieten Weikendorfer Remise und Sandberge Oberweiden.

Zuflucht in der Eulen- und Greifvogelstation Haringsee

Regungslos sitzt der **Seeadler** in einer Ecke. Doch wenn ein Mensch seine Voliere betritt, stürzt sich das Tier sofort auf ihn und attackiert den Kopf mit seinem Schnabel. Die Tierpfleger der **Eulen- und Greifvogelstation (EGS) Haringsee** können das Gehege darum nur mit einem Schutzschild betreten. „Sobald ein Vogel, der zum Beispiel für eine Flugschau auf Menschen geprägt worden ist, mit fünf oder sechs Jahren geschlechtsreif wird, sieht er im Zweibeiner einen Konkurrenten um Revier, Futter und Partner", erklärt EGS-Leiter **Hans Frey**. Für eine Unterhaltungsshow vor Publikum werde so ein aggressives Tier unbrauchbar. Doch einmal geprägt, sei der Vorgang nicht rückgängig zu machen: „Der Vogel ist fürs Leben verdorben."

Oft ist es der Mensch, der mit seinem Fehlverhalten Tiere in der EGS zu Gästen auf Zeit oder gar auf Lebenszeit macht. Inmitten des Marchfelds hat Hans Frey in den 1970er-Jahren ein Refugium geschaffen, in dem anders als bei Flugschauen oder in Tiergärten nicht das Interesse zahlender Besucher, sondern das der Tiere im Mittelpunkt steht. In einer der **Volieren**, die den Vögeln ausreichend Platz und eine Rückzugsmöglichkeit bieten, hat ein Adler ein Zuhause gefunden, der von seinem Besitzer auf Hunde abgerichtet wurde und daher wohl nie mehr ein Leben in Freiheit führen kann. Seine Nachbarn sind an Rachitis erkrankte **Krähen,** die als niedliche Jungvögel in der Stadt gefunden und von wohlmeinenden Bürgern mit Küchenresten gefüttert wurden. „Teigwaren können jedoch den ungeheuren Mineralbedarf der schnell wachsenden Vögel nicht decken", erklärt Hans Frey.

Neben Tieren, die der österreichische Staat beschlagnahmt hat, weil sich zum Beispiel die Herkunftspapiere als falsch erwiesen haben, wohnen auch verunglückte **Greifvögel und Eulen** auf dem 12.000 Quadratmeter großen Areal. Wenn möglich, werden sie nach ihrer Genesung wieder in die Freiheit entlassen. Bleiben sie flugunfähig, werden sie paarweise zusammengegeben und finden entweder als Eltern oder als Pflegeeltern eine Aufgabe. Zugleich wird damit jene Aufzucht von Hand vermieden, die den Vögeln ein Leben in freier Wildbahn verwehren würde.

Dass sich **Habichtskauze** gut mit **Silbermöwen** vertragen und deshalb einträchtig in einer Voliere zusammenleben können, ist nur eine aus jahrzehntelanger Erfahrung geborene Erkenntnis. Nach

Bartgeier in der EGS Haringsee

Fliegender Triel

der Kinderstube im Elternverband sammeln die jungen Eulen im Wienerwald und im Wildnisgebiet Dürrenstein zunächst Kraft und Ausdauer in großen Trainingsvolieren. „Wenn die Tiere fliegen können, heißt das nicht, dass sie auch schon Beute fangen können", erklärt Hans Frey. Wenn die Käuze in die Freiheit entlassen werden, warten Wohnungen auf sie, die von Mist- zu Nistplätzen umgerüstet wurden: Rund 300 ausrangierte Mülltonnen der Stadt Wien wurden mithilfe eines Einschlupflochs zu kostengünstigem Wohnraum auf 20 bis 30 Metern Baumhöhe.

Auch auf dem EGS-Gelände trainieren Pfleglinge in großen Volieren das Fliegen. Noch drücken sich die Federknäuel mit den großen Augen zwischen den Flugrunden eng auf den Sitzstangen aneinander. Wenn nach zwei bis drei Wochen das Dach der Voliere geöffnet wird, ist der Tisch im Marchfeld reich gedeckt: „Auf den abgeernteten Getreidefeldern sitzen die Mäuse am Präsentierteller", sagt Hans Frey. Die Überlebensquote der Vögel aus der Station sei auf diese Weise sogar höher als beim natürlichen Ausfliegen.

Durch Austausch mit anderen europäischen Stationen Inzucht zu verhindern ist beim 1978 gestarteten Artenschutzprojekt für die **Bartgeier** oberstes Ziel. Obwohl die größten der vier in Europa lebenden Geierarten mit nur 250 Gramm Knochengewebe am Tag auskommen, wurden sie bis zur Ausrottung gejagt: Ihre Fähigkeit, als einzige Aasfresser große Knochenteile schlucken zu können, jagte den Menschen Angst ein.

Mittlerweile kreisen einige Exemplare schon wieder über den Gipfeln der Alpen. Ihr Brustgefieder färben sie sich selbst mit Eisenoxid aus der Natur

orangerot. Die Vorliebe für die knallige Farbe hänge wohl mit der Dominanz in den Beziehungen zusammen, meint Hans Frey: „Etwa ein Drittel der Bartgeier lebt als Trio zusammen, immer zwei Männchen und ein Weibchen."
Doch die EGS beherbergt nicht nur Vögel. Beim Rundgang sollte man vorsichtig einen Fuß vor den anderen setzen, um nicht auf eine der vielen Schildkröten zu treten – Patienten gibt es hier wirklich schon genug. Die beiden Hunde, die dem Veterinärmediziner auf Schritt und Tritt folgen, sind es gewohnt, sich inmitten der Schildkröten einen Platz zum Wälzen zu suchen. Auf den Baumstämmen in zwei Tümpeln sonnen sich zudem **Europäische Sumpfschildkröten**, die hier ebenfalls im Rahmen eines Artenschutzprojektes gezüchtet werden, um in der Schweiz eine neue Heimat zu finden.

Auch eine Storchendame, die seit einem Unfall flugunfähig ist, hat im Schutz der EGS ihr Glück in Gestalt eines gesunden Partners gefunden. Gern hätte er mit ihr ein Nest über einer der Volieren gebaut, doch weil seine Auserwählte nicht mehr so hoch hinaus kann, zieht das Paar seinen Nachwuchs jetzt eben in einem Horst knapp über dem Boden groß. Dort sind die Jungstörche sicher, bis sie die Arche Noah am Ortsrand von Haringsee in wenigen Wochen unter sich zurücklassen werden.

Eulen- und Greifvogelstation Haringsee
2286 Haringsee
www.egsoesterreich.org
Führungen von Mai bis Okt. Mo. bis Fr. nach Voranmeldung.

Trappenschutzgebiet und Eulen- und Greifvogelstation Haringsee

Start: Bahnhof Leopoldsdorf-Obersiebenbrunn
Ziel: Bahnhof Schönfeld-Lassee
Länge: ca. 21 km
Karte: Wander-, Rad- und Freizeitkarte WK 013
Route: Vom Bahnhof Richtung Westen zur Verbindungsstraße Obersiebenbrunn–Leopoldsdorf. Links Richtung Leopoldsdorf, hinter der Zuckerfabrik links auf den Marchfeldkanal-Radweg, erst entlang des Rußbachs, dann durch die Felder nach Fuchsenbigl. Weiter auf der Straße nach Haringsee, über die Hauptstraße zur Unteren Hauptstraße, vorbei am Bauernmuseum Haringsee zur Eulen- und Greifvogelstation am östlichen Ortsende. Zurück zum Kreisverkehr, rechts Richtung Lassee, Rußbach queren (Info-Tafel Trappenschutzgebiet). In Lassee vorbei am Europapark bis zur Abzweigung nach Schönfeld, bei der Bahnhof-Siedlung links zum Bahnhof.

Europaweit einzigartige Sandgebiete

Als Agrarsteppe wird das Marchfeld ja häufig bezeichnet. Aber Sandwüste? Das ginge wohl doch zu weit. Tatsächlich aber gibt es im östlichen Marchfeld einige **Sandgebiete,** die zu den wertvollsten Lebensräumen Österreichs zählen: Viele der dort lebenden Tiere und Pflanzen sind stark gefährdet und europaweit einzigartig. Im Flora-Fauna-Habitat-Gebiet, kurz **FFH-Gebiet Pannonische Sanddünen,** das rund 2500 Hektar zwischen Strasshof, Gänserndorf, Oberweiden, Marchegg, Schönfeld, Untersiebenbrunn und Obersiebenbrunn umfasst, sollen sie ebenso wie die Reste der ursprünglichen Landschaft bewahrt werden.

Wie aber kam der Sand überhaupt ins Marchfeld? Während und unmittelbar nach der letzten Eiszeit blies der Wind die feinen Sedimente von den Sand- und Kiesbänken der Flüsse ins Umland und türmte sie im nur spärlich bewaldeten Gebiet zu mehreren Metern dicken Flugsanddecken auf. Die zunehmende Vegetation stabilisierte den Sand, der erst wieder in Bewegung geriet, als die Menschen im Mittelalter die Wälder rodeten und die Böden landwirtschaftlich zu nutzen begannen.

Als unter Maria Theresia das Interesse wuchs, aus dem Marchfeld die Kornkammer Wiens zu machen, versuchte man die Flugsande wiederum zu stabilisieren. Nachdem im 19. und 20. Jahrhundert großräumig aufgeforstet wurde, finden sich heute nur noch kleinräumige Pionierstandorte auf Sand.

Naturschutzgebiete im FFH-Gebiet Pannonische Sanddünen

Wacholderheide Obersiebenbrunn
Unter Schutz seit: 1979
Lage: nordöstlich von Obersiebenbrunn
Größe: 37 Hektar
Flora & Fauna: Wacholderbüsche, Sand-Strohblume, Federgras

Weikendorfer Remise
Unter Schutz seit: 1927
Lage: südlich von Weikendorf
Größe: 183,1 Hektar

Flora & Fauna: Gelbe Strohblume, Federgras, Flaum-Steinröslein; Ziegenmelker

Sandberge Oberweiden
Unter Schutz seit: 1961
Lage: südlich von Oberweiden
Größe: 128 Hektar
Flora & Fauna: Sand-Strohblume, Spätblühende Federnelke, Rispen-Gipskraut; Schmetterlinge, Grashüpfer, Ziesel, Östlicher Kaiseradler, Ziegenmelker, Neuntöter

Gerichtsberg
Unter Schutz seit: 2014
Lage: westlich von Marchegg
Größe: 6 Hektar
Flora & Fauna: Schwingel, Steppen-Kammschmiele, Glanz-Lieschgras, Rispen-Gipskraut, Schleierkraut

Lassee
Unter Schutz seit: 1942
Lage: südöstlich von Lassee
Größe: 1,4 Hektar
Flora & Fauna: Sand-Strohblume, Österreich-Tragant, Raukenblättriges Greiskraut; Zweifarbige Beißschrecke, Heidegrashüpfer

Erdpresshöhe
Unter Schutz seit: 2014
Lage: südöstlich von Lassee
Größe: 5,1 Hektar
Flora & Fauna: Sand-Gipskraut, Österreich-Tragant, Pfriemergras, Grauschneidiges Federgras, Rispen-Gipskraut, Glanz-Segge, Ungarische Skabiosen-Flockenblume, Sand-Hornkraut

Windmühle
Unter Schutz seit: 2014
Lage: südlich von Lassee
Größe: 3,4 Hektar
Flora & Fauna: Sand-Gipskraut, Sand-Strohblume, Sand-Steinkraut, Hügelmiere

Wacholderheide Obersiebenbrunn und Weikendorfer Remise

Warum ausgerechnet der Wald sandige Naturschutzgebiete bedroht, lernt man bei einer Fahrradtour zur Wacholderheide Obersiebenbrunn und zur Weikendorfer Remise. Zunächst repräsentiert das kleine **Biotop der Naturfreunde** im **Familienwald Strasshof** jedoch die feuchte Seite des Marchfelds: Nähert man sich dem Teich, springen Frösche laut platschend ins Wasser und tauchen zwischen Seerosen und Goldfischen ab.

Zunehmend sandig wird der Weg, der zwischen alten Eichen und hohen Föhren Richtung Südosten führt. Eine Schlange, die offenbar mitten auf dem Weg ein Sonnenbad genommen hat, verschwindet blitzartig im hohen Gras. Kurz vor der Straße von Gänserndorf nach Markgrafneusiedl taucht im Schatten der Bäume eine vermummte Gestalt auf – ach, nur ein Imker, der sich um seine Bienenvölker kümmert. Vorbei an ausgedehnten, von **Windrädern** durchsetzten Getreidefeldern geht es zu einem Gut, dessen Name möglicherweise aus einer Warnung vor den Sandstürmen der Vergangenheit herrührt: **Siehdichfür!**

Ein Schild am Feldrand, auf dem eine große Ölflasche abgebildet ist, fordert zum Pflücken eines bunten Blumenstraußes auf, doch zumindest der Raps ist schon verblüht. Aus den Gras- und Gehölzstreifen zwischen den Äckern wachsen unabhängig von der Jahreszeit einige **Bildstöcke**.

Nach einem kurzen Abschnitt auf dem Asphalt Obersiebenbrunns wird der Sanddünenweg wieder dem Namen gerecht, den er zumindest auf seinen ersten Kilometern durch Strasshof trug.

Europaweit einzigartige Sandgebiete

Federgras

Wo er in den Wald eintaucht, weist ein Schild auf das **Naturschutzgebiet Wacholderheide Obersiebenbrunn** hin. Seit 1980 versucht man dort Rotföhren, Götterbäumen und Robinien Einhalt zu gebieten, um die Trockenrasenfläche zu erhalten.

Das gilt auch für das nur einige Hundert Meter nordöstlich gelegene **Naturschutzgebiet Weikendorfer Remise**. Ein Picknickplatz unter einer großen Föhre am Rand des Steppenrasens lädt zu einer Pause ein, bei der man den Text auf der Informationstafel liest oder einfach den Zauber der Landschaft auf sich wirken lässt. Umsummt von Insekten, umflattert von Schmetterlingen und eingehüllt in den Duft von Kiefernnadeln fühlt man sich sowohl der Großstadt als auch der Agrarsteppe weit entrückt.

Bei einer Umrundung der Trockenrasenfläche mit dem Fahrrad fallen als Erstes die verkrüppelten Bäume und die wuchtigen Wacholderbüsche ins Auge. Sieht man sich den Gräserteppich, in dem sie stehen, näher an, sind die langen, anmutig geschwungenen und silbrig schimmernden Halme des **Federgrases** zu erkennen. Ob man so einen Ort nun Kraftplatz nennen mag oder nicht: Zauberhaft wirkt er jedenfalls, selbst in der Mittagssonne eines Sommertags. Wie es hier wohl bei Nebel sein mag? Oder bei Vollmond?

Sandberge Oberweiden

Außer Zuckerrüben und Zwiebeln scheint es zwischen Oberweiden und Schönfeld tatsächlich nicht viel zu geben. Doch gut verborgen inmitten eines Windschutzgürtels, für Fußgänger erst nach einem zähen Marsch durch die ausgedehnten Felder zu erreichen,

Wacholderheide Obersiebenbrunn

Sandweg durch den Familienwald Strasshof

erheben sich einige von Rasen bedeckte Hügel. Mit nur wenigen Metern Höhe ohnehin schon unauffällig, scheinen sich die **Sandberge Oberweiden** beim Näherkommen zusätzlich hinter dem namensgebenden Sand zu verstecken, den der böige Wind immer wieder vom Boden aufwirbelt. Gut getarnt, sind sie dennoch etwas ganz Besonderes: Weil dort einige stark gefährdete Pflanzen einen Lebensraum finden, wurden die Sandberge 1961 unter Schutz gestellt.

Mit Mahd und extensiver Beweidung soll der Wald daran gehindert werden, in dieses menschenleere Kleinod vorzudringen. Nur wenige Kiefern und Hagebuttensträucher wachsen hier zwischen Raritäten wie **Sand-Strohblume** und **Sand-Schwingel.** Mit zarten weißen Blüten tupft die **Späte Federnelke** den Trockenrasen. Von einer kleinen Holzbank auf der Kuppe lässt man den Blick in die Weite des Marchfelds schweifen oder sieht zu, wie der Wind durch die hohen Halme streicht.

Europaweit einzigartige Sandgebiete

Feld zwischen Gut Siehdichfür und Obersiebenbrunn

Wacholderheide Obersiebenbrunn und Weikendorfer Remise

Start/Ziel: Bahnhof Strasshof
Länge: ca. 27 km
Karte: Wander-, Rad- und Freizeitkarte WK 013 oder Folder Pannonische Sanddünen
Route: Bahnhof Richtung Süden verlassen, ab der Kreuzung der Ausschilderung „Sanddünenweg" zunächst nach rechts über den Bahnhofsplatz (Kulturhaus Strasshof), dann nach links durch die Bealskagasse, die Neusiedler Straße und die Waldstraße (Sportplatz, Grünschnitt-Sammelstelle) in den Wald folgen. An der ersten Wegkreuzung links und vorbei am Biotop durch den Wald. Nach dem Queren der Straße von Gänserndorf nach Markgrafneusiedl geradeaus weiter durch den Wald, an der ersten Wegkreuzung links auf den Rw 5 (versteckte Beschilderung!) und zwischen Wald und Feldern zum Gut „Siehdichfür". Vor dem Anwesen rechts auf dem Feldweg nach Obersiebenbrunn.
Straße nach Gänserndorf queren, kurz links und auf Höhe des Ortsschilds in den anfangs asphaltierten Weg (Heideweg-Siedlung). An der Weggabelung (Wacholderheide Obersiebenbrunn) links, vor den Feldern rechts und gleich wieder links zum Picknickplatz Weikendorfer Remise. Vor der Infotafel rechts und das Gebiet auf dem Grasweg umrunden, bis man wieder auf den Schotterweg stößt. Dort rechts, dann links in den Güterweg vorbei am Aspacherhof. Siebenbrunner Straße queren und auf der geschotterten Strasshoferstraße immer am Waldrand entlang Richtung Strasshof. Hinter den ersten Häusern links in die Watzekgasse, an der Einmündung

Sandberge Oberweiden

in die Flugfeldstraße rechts bis zur Hauptstraße (Hofer), halb links der Radwegmarkierung in die Amundsenstraße folgen, bei der Einmündung in die Kressgasse rechts zum Bahnhof.

Sandberge Oberweiden

Start: Bahnhof Oberweiden
Ziel: Bahnhof Schönfeld-Lassee
Länge: 9,5 km
Karte: Wander-, Rad- und Freizeitkarte WK 013
Route: Vom Bahnhof Oberweiden 50 Meter auf der Baumgartner Straße Richtung Westen/Ortskern, bei der ersten Straße links, gleich wieder links in die Salmhofer Straße. Am Ortsrand geradeaus weiter auf dem Feldweg westlich der Bahn, nach etwa 1,5 Kilometern beim Bahnübergang rechts, auf dem Feldweg immer geradeaus durch den Windschutzgürtel bis in das Naturschutzgebiet. Zwischen Infotafel und Sandbergen über den Rasen weiter Richtung Westen, vor dem Waldstreifen rechts bis zur Straße Richtung Schönfeld. Nach knapp einem Kilometer entlang der Straße in den zweiten Feldweg links, nach knapp einem Kilometer vor dem Gehölzstreifen in den zweiten Feldweg rechts. Nun immer Richtung Lagerhausturm, dabei Straße zwischen Marchegg und Schönfeld queren, hinter der Bahnstrecke rechts zum Bahnhof Schönfeld-Lassee.

Konzerte in der Au, Kultur im Kotter, Kunst im Park

Mit dem **„Konzert in der Au"** verbindet der **Kulturverein Ars Marchfeld** seit 2005 Natur und Kunst. Jedes Jahr zu Pfingsten musizieren mehrere Künstler und Künstlerinnen unter freiem Himmel zwischen Groß-Enzersdorf und der Donau. Der Ohrenschmaus wird mit dem Geschmack von Erdbeeren und Sekt kombiniert und auf goldenen Sesseln inmitten der Natur genossen.

Ebenfalls am Rand des Naturjuwels Donauauen gastieren jedes Jahr im Frühling bei den **Schlosskonzerten Eckartsau** hochkarätige Musiker, um das Publikum vom Barock bis in die klassische Moderne mitzunehmen.

Schon Tradition auf **Schloss Hof** haben die Konzertreihen der **„Philharmonie Marchfeld"**. Die 65 Mitglieder des 1983 in Gänserndorf gegründeten Sinfonieorchesters beherrschen ein breites Repertoire vom Barock bis zur Moderne. Und auch auf **Schloss Orth** gibt es immer wieder Konzerte, die vom Verein zur Förderung klassischer Musik im Marchfeld veranstaltet werden.

Bildende Künstler aus der Region finden im **„Kunst.Lokal"** in Groß-Enzersdorf ein öffentliches Forum: Der Keramiker Georg Niemann, der seine Werkstatt im Wirtschaftshof von Schloss Sachsengang hat, Martin Suritsch, der mit seinem Glasatelier in Groß-Enzersdorf zu Hause ist, und der Maler Gottfried Laf Wurm, der in Lassee beheimatet ist, eröffneten die Galerie 2009. Fünf Jahre später rückten Uschi Görlitz aus Wien (textile Arbeiten) und Gerhard W. Schmidbauer aus Großkadolz im Weinviertel (Reliefschnittgrafiken) für Gottfried Laf Wurm nach. Jeweils am ersten Donnerstag des Monats wird eine neue Ausstellung eröffnet, außerdem bietet die Galerie Raum für Konzerte und Lesungen.

Zu einem Ort für Ausstellungen, Musikabende, Filmvorführungen und Lesungen (idealerweise von Krimis) hat sich auch das ehemaligen Gemeindegefängnis von Groß-Enzersdorf gewandelt. Nach einer Renovierung von 2010 bis 2012 ist Platz für **„Kultur im Kotter"** und für ein **Foltermuseum,** dessen Besuch sich nicht für sensible Gemüter empfiehlt.

Mit zwei Hallen, mehreren Räumen und einer Werkstatt lädt der **„Kulturverein Marchfeld Strasshof"** vor allem Künstler aus der Region zu Ausstellungen, Lesungen, Theateraufführungen und Kursen ein. Beheimatet in der Immervoll-Straße, soll das **Kulturzentrum Marchfeld Strasshof,** kurz **KUMST,** Kunst- und Kulturvereine vernetzen.

Glasbildergalerie im Europapark Lassee

Eröffnet wurde es 2015 mit der Uraufführung der Operette „Der Sackpfeifer" von Carl Millöcker und Ludwig Anzengruber.

In Raasdorf finden bis zu 200 Zuschauer Platz im **Kulturhaus,** wo Konzerte, Theater und Kabarett auf dem Programm stehen. Klein, aber fein ist der **Kulturhof Aderklaa,** der vor allem junge Talente fördern möchte: Maximal 35 Besucher können dort unbekannte Künstler kennenlernen.

Auch Weikendorf bietet zeitgenössischer Kunst Raum. Im ehemaligen **Zeughaus** richtete der Künstler Michael Kienzer 2007 eine 60 Quadratmeter große Ausstellungsfläche ein, die zum Rathausplatz hin durch ein großes Fenster ständig einsehbar ist und an manchen Tagen auch von innen betrachtet werden kann. Im halbjährlichen Wechsel werden Bewohnern und Besuchern Weikendorfs im Kunstraum Einblicke in zeitgenössische Kunst eröffnet, die immer wieder für Gesprächsstoff sorgen.

24 Stunden am Tag und sieben Tage die Woche ist ein besonderes Kunstprojekt in Lassee zu besichtigen, wobei die **Glasbildergalerie im Europapark Lassee** am besten abends mit Beleuchtung wirkt. Schüler aus ganz Europa gestalteten die Bilder, die von Gottfried Laf Wurm in ein einheitliches Konzept gebracht und von Martin Suritsch mit einer Glasfusionstechnik inszeniert wurden. Nun verteilen sie sich rings um ein Fontänenbecken über den Park. Aus dem alten Dorfanger wurde so ein Kunstprojekt, das weit über die Grenzen des Orts hinausweisen möchte.

Konzertreihen

Schlosskonzerte Eckartsau
2305 Eckartsau
www.schlosseckartsau.at

Konzert in der Au
2301 Groß-Enzersdorf
www.daskonzertinderau.at

Philharmonie Marchfeld
Abo-Konzerte auf Schloss Hof
2291 Schlosshof 1
www.philharmonie-marchfeld.at

Verein zur Förderung klassischer Musik
im Marchfeld
2304 Orth an der Donau
www.klassik-im-marchfeld.at

Ateliers

Gottfried Laf Wurm
Bahnstraße 46
2291 Lassee
www.lafwurm.at

Georg Niemann
Am Hof 2
2301 Oberhausen
www.ceramic4you.com

Laura Nitsche
Obere Hauptstraße 15
2305 Eckartsau
www.lauranitsche.weebly.com

Martin Suritsch
Lobaustraße 69
2301 Groß-Enzersdorf
www.martin-glas.com

Galerien & Veranstaltungsorte

Glasbildergalerie
Europapark Lassee
Obere Hauptstraße
2291 Lassee

Kultur im Kotter
Kaiser-Franz-Josef-Straße 2
2301 Groß-Enzersdorf
www.kultur-im-kotter.at

Kulturzentrum Marchfeld
Strasshof
Immervoll-Straße 6
2231 Strasshof
www.kumst.at

Kunst.Lokal
Bischof-Berthold-Platz 3
2301 Groß-Enzersdorf

www.kunst-lokal.at
Geöffnet Mi. & Sa. 9–12 Uhr.

Kunstraum
Rathausplatz 1a
2253 Weikendorf

Kulturhaus
in der ehem.
Schmied-Villa
Bahnstraße 31
2230 Gänserndorf

Kulturhaus
Altes Dorf 11a
2281 Raasdorf

Kulturhof
2232 Aderklaa 34

Kunstmeile Deutsch-Wagram

Start/Ziel: Bahnhof Deutsch-Wagram
Länge: ca. 3,5 km
Karte: Stadtplan Deutsch-Wagram
Route: Am Bahnhof rechts in die Bahnhofstraße, rechts in die Friedhofallee, geradeaus weiter durch die Kirchengasse, links an der Kirche vorbei zur Erzherzog-Carl-Straße, rechts. Beim Denkmal für die Schlacht bei Wagram links in die Franz-Mair-Straße, rechts in den Promenadenweg (z. B. „Marchfeldsäule" von Gottfried Laf Wurm und Martin Suritsch, Elementesäule von Marianne Ertl und Karl Pop, „Schrottfisch" von Leo Böckl). Nach dem Unterqueren der Bahnstrecke rechts, hinter dem Rußbach links in die Franz-Mair-Straße, rechts in die Ahorngasse und über den P+R-Parkplatz zum Bahnhof.

Trachten und Austrofolk beim Höfefest Groß-Enzersdorf

Wenn Frauen im Dirndl und Männer in Lederhose und kariertem Hemd durch die Straßen flanieren und sich dabei von der Musik leiten lassen, die aus vielen Durchgängen zu hören ist, dann ist wieder das **Höfefest in Groß-Enzersdorf**. Am ersten Sonntag nach den Sommerferien werden öffentliche und private Höfe der Stadt zur Bühne für Künstler und Künstlerinnen aus der Region. Während östlich des Hauptplatzes Schülerinnen der örtlichen Musikschule weichgespülte Popsongs zur Gitarrenbegleitung singen, unterhalten westlich der Kirche Herren mit grauen Schläfen routiniert das Publikum an dicht besetzten Holztischen: **Austrofolk**, die „Band aus dem Herzen des Marchfelds", serviert zum Bier Deftiges wie Georg Danzers „Ballade vom versteckten Tschurifetzen".
Ein Heimspiel haben bei diesem Fest auch jene 13 Musiker, die ein paar Höfe weiter Musikstücke aus Mähren, Böhmen und Österreich spielen. „**Blaskapelle Marchfeld**" steht in goldenen Lettern auf den roten Notenpultbannern. Auf Initiative von Kapellmeister Andreas Schreiner haben sich Mitglieder von Musikvereinen aus Gänserndorf 1995 zur „Blama" zusammen gefunden und schon mehrere CDs aufgenommen. Auch **„p-music"** aus Probstdorf steht für bodenständige, handgemachte Musik ohne Computer.
Apropos bodenständig: Wer künftig nicht in irgendeinem Dirndl, sondern in einer **Marchfelder Tracht** zum Höfefest gehen möchte, bekommt von der **Volkstanzgruppe Marchfeld** einen Einblick, was dafür alles zu nähen wäre. Zwischen Landler und Polka lenken die Tänzerinnen die Blicke des Publikums auf ihre rot oder blau bestickten „Hemdel", ihre Röcke aus dunklem Blaudruck, die Schürzen aus rot-weiß gestreiftem „Bettzeugstoff" darüber und auch die langen weißen Unterhosen darunter. Aus dem gewohnten Trachtenrahmen fällt das blau-weiß karierte Mieder mit dem gezogenen Brustteil, das auf dem Rücken gekreuzte Träger und darunter exakt drei Knöpfe hat.

Künstlerin Marianne Ertl   „Pure-Drums" beim Höfefest Groß-Enzersdorf

Ob Dirndl oder nicht, dem Publikum macht es Spaß, mitzutanzen. Lachende Gesichter ziehen vorüber, Hände finden sich klatschend oder auch nicht, während Obfrau Christine Preining am Hackbrett, Schriftführer Robert Fritz an der Steirischen Harmonika, Herbert Löffler an der Klarinette und Anna Hofer am Kontrabass als „D'Korn-Landler" das Tempo vorgeben. In ihrem Namen drückt sich die regionale Zugehörigkeit zur Kornkammer Marchfeld aus, in ihrer Musik erhalten und beleben sie eine Tradition, die mit Volkstümlichkeit nichts zu tun hat, also „nicht Musikantenstadl, nicht Fremdenverkehrswerbung, kein Ausdruck einer politischen Grundhaltung und schon gar nicht eine Ansammlung von nicht in die moderne Zeit passenden Nationalisten" sei, wie die Volkstanzgruppe Marchfeld auf ihrer Website schreibt: „Wir sehen den Volkstanz als das, was wir im Urlaub so sehr schätzen, wenn wir in einem kleinen griechischen Dorf eingeladen werden, eine Hochzeit mitzufeiern: Als eine Bereicherung unseres Alltages und als ein Element, das die individuelle Kultur eines Landes prägt."

Mit der Kultur ihres Landes setzen sich auch **„Maurer & Novovesky"** auseinander – und zwar nicht nur in ihrer unmittelbaren Heimat – Daniel Maurer wurde 1982 in Wolkersdorf, Mathias Novovesky 1989 als Sohn des örtlichen Bestatters in Obersiebenbrunn geboren –, sondern auch bei Auftritten in ganz Österreich. 2012 starteten sie den Traktor für ihr erstes gemeinsames Kabarettprogramm „Hänger Tour". Seitdem haben sich der Schafscherer und der Leichenträger auf der Bühne über „Haarige Weihnachten" ebenso unterhalten wie über „Schöne Schuhe", „Schöne Steine" und „Schöner sterben".

Höfefest Groß-Enzersdorf 2301 Groß-Enzersdorf www.hoefefest.com **Kabarett** **Maurer & Novovesky** www.maurer-novovesky.at	**Kapellen & Bands** **Austrofolk** www.facebook.com → Austrofolk **Blasmusik Marchfeld** www.blama.at **p-music** www.p-music.at	**Volkstanz & Volksmusik** **Volkstanzgruppe Marchfeld** D'Korn-Landler www.volkstanz-marchfeld.at

Pop und Rock bei der Sommerszene Gänserndorf

Hinter der Bühne drehen sich die Windräder. Vor der Bühne bestimmt die Musik den Takt, in dem die Füße wippen. Wenn Programm und Wetter passen, sind die Biertische an den acht Wochenenden der **Sommerszene Gänserndorf** gut besetzt. Der Garten hinter der **Schmied-Villa**, die als Kulturhaus dient, bietet im Juli und August das passende Gelände für Open-Air-Konzerte, bei denen (Austro)Pop, Rock, Funk, Salsa, Reggae oder Jazz zu hören ist.

Die auftretenden Künstler genießen den engen Kontakt zum Publikum. „Gibts irgendwen, der gerade den besten Sommer seines Lebens hat?", möchte ein Sänger des A-cappella-Sextetts **„Safer Six"** von den gut gelaunten Zuhörern wissen. Die Frage bleibt zwar unbeantwortet, doch mit dem Lied „Summer of '69" des kanadischen Rocksängers Bryan Adams dürfte die Gruppe zumindest bei einigen älteren Gästen richtig liegen.

Während der Auftritte tragen zwei Volksschüler die „Bausteine" der Sommerszene in ihrem Bauchladen durchs Publikum: Wer ein Los kauft, trägt dazu bei, dass der Verein **„Kultur in Gänserndorf"** auch im kommenden Sommer wieder ein Programm auf die Bühne stellen kann.

Von Ständen rund um die Biertische versorgen Gastronomen aus Gänserndorf die Besucher mit Fingerfood-Körbchen, veganen Speisen oder bewährten Imbissen. Während sich der Geruch nach Bratwürstchen, Pommes frites und Langos mit dem Trockeneisnebel von der Bühne mischt, setzen die Sänger Cowboyhüte auf und haken ihre Daumen in den Hosenbund. Und dann brennt im Garten der Schmied-Villa nicht nur der Grill, sondern auch der „Ring of Fire" – jener Countrysong, den Johnny Cash zum Hit machte und der an diesem Abend in Gänserndorf zuverlässig zündet.

Sommerszene Gänserndorf
Garten der Schmied-Villa
Bahnstraße 31
2230 Gänserndorf
www.sommerszene-gf.at

A-cappella-Popgruppe „Safer Six" bei der Sommerszene Gänserndorf

Theaterdekorationen im Kulissenlager Haringsee

Nicht der Landwirtschaft, wie auf den ersten Blick zu vermuten, sondern der Kultur dienen neun riesige Hallen am südwestlichen Ortsrand von Haringsee. Auf rund 71.500 Quadratmetern finden rund 200 Kulissen von Bühnenproduktionen Platz. Was immer gerade in der Staats- oder Volksoper, im Burg- oder Akademietheater länger nicht auf dem Spielplan steht, landet im Marchfeld, wo die „ART for ART Theaterservice GmbH" nach eigenen Angaben eines der größten und modernsten **Kulissenlager** der Welt betreibt.

Dank einer Entfeuchtungsanlage, die von einer Fotovoltaikanlage auf den Dächern mit Strom gespeist wird, herrscht in den Hallen optimales Klima auch für sensible Dekorationen. Soll ein Bühnenstück wieder aufgeführt werden, bringen Lastwagen mit mehr als zehn Meter langen Spezialanhängern die Kulissen von Haringsee zurück an die jeweilige Wiener Spielstätte.

Wer einen Blick hinter die Kulissen werfen möchte, kann sich an den Betreiber wenden. Bei einer Führung durch die Hallen sieht man die Dekorationen bekannter Opern- und Theaterproduktionen aus einer ganz neuen Perspektive.

ART for ART Theaterservice GmbH
Arsenal Objekt 19
1030 Wien
www.artforart.at/dekorationen.php

Klettern mit Teamgeist und Bälle mit Drive

Zwischen Wien und Bratislava locken Sport- und Freizeitangebote: Im Erlebnispark Gänserndorf geht es nach oben, auf den Golfplätzen nach vorn und auf dem Pferderücken zurück in die Geschichte altösterreichischer Kavallerie.

Auf der Pirsch im Erlebnispark Gänserndorf

Von den ehemals 33 Löwen ist nur ein unverwüstliches Exemplar übrig geblieben: Wo früher Autos durch den Safaripark Gänserndorf kurvten, pirschen heute Besucher mit Pfeil und Bogen durch den Wald. Und wo früher exotische Tiere die Hauptattraktion waren, stehen heute Nachbildungen reglos zwischen den hohen Kiefern. Der von unzähligen Löchern übersäte Leib eines Löwen zeugt vom Jagdglück der Besucher. Auch ein Bär, ein Luchs, ein Wildschwein und ein Krokodil, das hinter einem Wassertümpel auf der Lauer liegt, werden beim **Bogenparcours** zur leichten Beute.

300 verschiedene Tiere lebten im **Safaripark Gänserndorf,** als dieser 1972 eröffnet wurde. Schon ein Jahr später erlitt der damals größte Safaripark Europas einen Rückschlag: Weil in Niederösterreich die Maul- und Klauenseuche grassierte, musste er für drei Monate geschlossen werden. 1979 entstand hoher Schaden bei einem Brand, bei dem 37 Tiere verendeten. Auch die Schmalspurbahn, deren Strecke 1984 durch den Park gelegt wurde, fuhr nach Streitigkeiten bald wieder aufs Abstellgleis. Nach einem Konkurs wurde der Park 1987 neu eröffnet und profitierte zunächst von der Öffnung des Eisernen Vorhangs. 2004 sperrte er allerdings endgültig zu.

Seitdem 2011 auf einem Teil des Geländes der **Erlebnispark Gänserndorf** eröffnet wurde, gibt es mit einem Streichelzoo, dem Ponyreiten oder den Degus nach wie vor auch tierisches Leben am Rand der Siedlung Gänserndorf Süd. Im **Waldklettergarten** spannen sich Seile zu Routen in unterschiedlicher Höhe und mit unterschiedlichem Schwierigkeitsgrad. Auch wenn es so scheint, als ob jeder Kletterer allein zwischen den Bäumen unterwegs sei, fördern die Routen den Teamgeist. Jüngere Kinder, die sich noch schwertun mit den großen Karabinern und den hoch hängenden Seilen, in die sie eingehakt werden müssen, sind froh, wenn große Geschwister Hilfestellung leisten und von der nächsten Plattform aus Mut zusprechen. Beliebte Belohnung ist der Flying Fox, die **Seilrutsche** am Ende der Klettertour.

Im Gegensatz zum Waldklettergarten, für den eine längere Einschulung nötig ist, sind die **Segways** nach kurzer Einweisung startbereit. Das klobige Gefährt mit der Plattform zwischen den beiden Rädern reagiert überraschend sensibel auf jede Bewegung des Körpers und der Hände auf der Lenkstange. Ein bisschen nach rechts neigen – und schon legt sich auch der Segway in die nächste Kurve des Offroad-Parcours.

Trainingsgelände für den Bogenparcours

Während das Segway-Fahren nur für Besucher ab 1,40 Metern Körpergröße und 37 Kilogramm Gewicht erlaubt und das Schießen auf dem Lasertag-Gelände nicht nach jedermanns Geschmack ist, erobern die **Degus** alle Herzen. Vermeidet man hektische Bewegungen, kommen die kleinen Nager, die aussehen wie eine Kreuzung aus Maus und Meerschweinchen, zutraulich zum Gitter. Sobald sie Vertrauen in die Zweibeiner auf der anderen Seite gewonnen haben, lassen sie sich sogar hinter den Ohren kraulen.

Erlebnispark Gänserndorf
Siebenbrunner Straße 55
2230 Gänserndorf
www.erlebnispark-gaenserndorf.at

Unterwegs mit dem Segway

Reiten wie zu Kaisers Zeiten

Als Maria Theresia im Juli 1755 das erste Mal im neu erworbenen **Schloss Hof** weilte, sollen neben unzähligen Familienangehörigen und Bediensteten 25 Reitpferde, 28 Postillion-, acht Pirutsch-, zwei Staphed- und 62 Landgutscherpferde, ein Heubinder, ein Schmied, ein Leibpostillion, vier Postillione, ein Futtermeister und 25 Reitknechte mit von der Partie gewesen sein. Zwar sagt uns manches davon nichts mehr, doch einige Vertreter altösterreichischer und selten gewordener Haustierrassen wie Norikerpferde, Gidrans, Lipizzaner und weiße Esel sind heute wieder auf Schloss Hof zu sehen. Sie beleben nicht nur das Gelände, sondern stehen zum Beispiel beim Großen Pferdefest, beim Ponyreiten, bei Kutschenfahrten oder bei der Fahrausbildung regelmäßig im Mittelpunkt.

Aber zurück in die Vergangenheit, und zwar zu Maria Theresias Sohn Joseph II. (1741–1790), der 1788 ein Beschäler-Department auf Schloss Hof einrichtete. Erst 1857 wurden die Staatshengste in das oberösterreichische Stadl-Lambach (heute Stadl-Paura) verlegt, wo rund 30 Jahre zuvor das kaiserlich-königliche Hengstendepot begründet worden war. 1899 zogen mit dem k. u. k. Militärreit- und Fahrlehrinstitut wieder zahlreiche Pferde in Schloss Hof ein. Für sie wurden zwei Winterreitschulen und zusätzliche Stallungen gebaut, darunter ein „Pferde-, Marode- und Contumaz-Stall", also ein Stall für kranke Tiere (Kontumaz war der österreichische Begriff für Quarantäne). Auch nach Ende der Monarchie 1918 blieb Schloss Hof ein Pferdezentrum: In einer Remontenanstalt wurden bis zum Ende des Zweiten Weltkriegs Junghengste ausgebildet. In den 1980er-Jahren war Schloss Hof die Quarantänestation der Spanischen Hofreitschule.

Die altösterreichische Kavallerietradition wird noch heute im Marchfeld gepflegt. Das „Traditions-Dragoner Regiment Nr. 3 König von Sachsen", das seine Pferde in den Stallungen von Schloss Hof eingestellt hat, trägt Uniformen, die sich genau an die Adjustierungsvorschrift des Jahres 1911 halten. Säbel und Kartuschen sind teilweise Originalstücke aus der Zeit von 1867 bis 1914, Uniform- und Waffenkunde werden den Mitgliedern ebenso vermittelt wie Etikette und Kenntnisse in Pferdepflege und -haltung. Der Tradition verpflichtet ist auch die **Reitausbildung** auf Schloss Hof, die Longestunden für Anfänger, Ausbildung bis Reiterpass und Reiternadel, Formations- und Quadrillereiten, Dressur-, Spring- und Ausreitstunden beinhaltet. Zu Kaisers Zeiten, in die man sich bei traditionellen

Weiße Barockesel in Schloss Hof

Veranstaltungen wie dem **Marchfelder Schlösserritt** von Schloss Hof über Schloss Niederweiden nach Schloss Eckartsau zurückversetzt fühlt, gehört natürlich auch das Reiten im Damensattel.

Wo die **Jagdtradition** bis in die Zeit von Kaiser Maximilian I. (1459–1519) zurückreicht, weil die Wiesen entlang der Donau- und Marchauen sowie die Felder Tieren einen großzügigen Lebensraum bieten, kann man heute aber auch ohne militärischen Hintergrund an vielen Orten reiten (lernen). „Eine moderne Anlage. Ein junges Team. Eine schöne Erfolgsstory", wirbt etwa das Reitsportzentrum Lassee. Andere Reiterhöfe im Marchfeld, wie zum Beispiel der Islandpferdehof Gut Sachsengang, der Reitverein Islandpferde am Aspacherhof und die Ponybande Grosshofen, sind auf Ponys spezialisiert.

Pferd im Gutshof

Reitvereine und Reiterhöfe

Horse Center Austria
Glinzendorfer Str. 12
2281 Raasdorf
www.horsecenter-austria.at

Islandhof Marchfeld
Dörfles 91
2253 Weikendorf
www.islandpferde.at

Islandpferdehof Gut Sachsengang
Am Hof 4
2301 Oberhausen
www.islandpferdehof.at

Kavallerie- und Reitclub
Schloss Hof
Traditions-Dragoner Regiment
Nr. 3 König von Sachsen
2294 Schlosshof 1
www.3er-dragoner.at

Pferdesportzentrum Sonnenhof
Sonnenhofweg 1
2282 Markgrafneusiedl
www.gut-sonnenhof.com

Ponybande
2282 Großhofen 15a
www.ponybande.at

Reiterhof Aderklaa
2232 Aderklaa 35
www.reiterhof-aderklaa.at

Reitsportzentrum Lassee
Kapellenweg 3
2291 Lassee
www.reitsportzentrum-lassee.at

Reitstall Schloss Obersiebenbrunn
In den Stübeln 60
2283 Obersiebenbrunn
obersiebenbrunn.nozicka.at

Reit- und Fahrverein Schloss Hof
2294 Schlosshof 1
www.reit-und-fahrverein-schlosshof.at

Reitverein Breitensee
Hauptstraße 48
2294 Breitensee
members.aon.at/reitverein.breitensee

Reitverein Islandpferde
am Aspacherhof
Am Aspacherfeld 1
2230 Gänserndorf
www.islandpferde-aspacherhof.at

Reitzentrum Thavonhof
Thavonhof 1
2301 Groß-Enzersdorf
www.thavonhof.at

Team Pati
PS – Pferdestärke Sportunion NÖ
Am Berg 1
2232 Parbasdorf
www.team-pati.com

Verein Islandpferde Lassee
Obere Hauptstraße 49
2291 Lassee
islandpferde-lassee.jimdo.com

Tennis auf einer der größten Anlagen Niederösterreichs

Am östlichen Rand von Groß Enzersdorf liegt eine der größten Tennisanlagen Niederösterreichs. Begonnen hat der **Tennisclub Groß Enzersdorf** 1952 allerdings mit nur einem Platz am Mariensee. Heute fliegt der Ball während der Freiluftsaison auf 19 Sandplätzen hin und her, sechs davon können von Oktober bis März im Hallenbetrieb genutzt werden. Während in einer Tennisschule der Nachwuchs trainiert wird, treffen sich die besten Spieler der Region jährlich zu den „Marchfeld Open", die ebenfalls im Tenniscenter Mariensee ausgetragen werden.

Neben diesem Tennis-Flaggschiff segeln noch zahlreiche andere, aber wesentlich kleinere Clubs durch das Gemüse- und Getreidemeer, zum Teil als Sektionen von Sportvereinen wie dem **SC Breitensee** oder dem **SV OMV Gänserndorf,** zum Teil als eigenständige Tennisclubs. Auf zumeist zwei bis drei Sandplätzen treten die Mitglieder von Tennisclubs wie Deutsch-Wagram, Haringsee, Marchegg, Orth an der Donau und Raasdorf gern auch in Freundschaftsturnieren gegeneinander an. Idyllisch gelegen zwischen Bäumen und Sonnenblumen sind zum Beispiel die beiden Tennisplätze des TC Eckartsau in Pframa, also im Dreieck zwischen Eckartsau, Kopfstetten und Wagram. Und beim TC Obersiebenbrunn ist man auf „eine der schönsten Tennisanlagen im Marchfeld" stolz.

Tenniscenter und -schule Mariensee
Mariensee 748
2301 Groß-Enzersdorf
www.tc-mariensee.at

Baden auf Schotterbänken und vor Kiesbergen

Die südliche Grenze des Marchfelds bietet Abkühlung an heißen Tagen: Für einen Badetag an der Donau eignen sich am besten die **Orther Inseln** östlich vom Uferhaus Orth und die **Au-Terrasse Stopfenreuth.** Mit Ausnahme des Naturbadeplatzes in der **Schönauer Au** ist das Baden in den Seitenarmen der Donau verboten. Abtauchen darf man allerdings in der **Oberen Lobau,** und zwar in der gern von Nacktbadern frequentierten **Dechant-** und der besonders für Kinder geeigneten **Panozzalacke,** am nördlichen Ende des **Donau-Oder-Kanal-Beckens II,** am südlichen Ende des **Donau-Oder-Kanal-Beckens III** und in der **Stadler Furt.**

Im Unterlauf der March, des anderen Grenzflusses des Marchfelds, gibt es keine ausgewiesenen Badeplätze.

Wer ein künstliches Schwimmbad der Natur vorzieht, findet im **Hallenbad Gänserndorf** ebenso wie im Freibad ein 25 Meter langes Sport- und ein Kinderbecken. Eine 37 Meter lange Wasserrutsche, ein Spielplatz, Tischtennisplatten und ein Beachvolleyballplatz bieten im Sommer Unterhaltung abseits des Schwimmens.

Quasi einen Kompromiss zwischen Natur- und Hallenbad bietet der **Badeteich Lassee,** der aus einer Schottergrube entstanden ist und als Adresse folglich auch Kieswerkstraße 1 hat. Er liegt nur wenige Hundert Meter südwestlich des Bahnhofs Schönfeld-Lassee und ist über die Straße „Am Bahnhof" und die Kieswerkstraße schnell zu erreichen. Zwischen Parkplatz, Teich und einem beeindruckenden Panorama aus Kiesbergen gibt es Rasenflächen zum Liegen. Zur Ausstattung gehören auch ein Beachvolleyballplatz und ein „Stadl", in dem Snacks und Getränke verkauft werden.

Donaustrand bei Orth an der Donau

Baden auf Schotterbänken und vor Kiesbergen

Badeparadies Orther Inseln

Donau-Oder-Kanal-Becken III

Donaustrand bei Stopfenreuth

Golf in S, M und XXL

Golf mit Schläger oder Fußball

Verdrängen im Marchfeld bald Golfplätze die Getreidefelder? Neben dem **Golfclub Süßenbrunn** unmittelbar an der Stadtgrenze etablieren sich jedenfalls immer mehr Abschläge, Fairways und Grüns zwischen Wien und Bratislava. 2013 wurde nördlich von Deutsch-Wagram der erste Online-Course Österreichs eröffnet. Weil die Startzeit auf der **GolfRange Bockfließ** über das Internet gebucht und bezahlt wird, verzichtet der Betreiber auf ein Sekretariat. Statt eines Restaurants gibt es einen Innenhof mit Snack- und Getränkeautomaten. Auf dem 18-Loch-Golfplatz darf jeder unabhängig von einer Clubzugehörigkeit spielen, sofern er eine Mindestspielstärke nachweisen kann. Die Spielberechtigung wird durch Mitarbeiter auf dem Platz kontrolliert.

Bereits 1989 wurde der **Golfclub Schönfeld** gegründet. Auf seiner Anlage nordwestlich von Schönfeld nutzen etwa 280 Mitglieder, von denen rund die Hälfte aus dem Marchfeld stammt, den 9-Loch-Golfplatz und etwa 450 Mitglieder, davon ein Fünftel Marchfelder, den 18-Loch-Platz. Um „The Nine" zu spielen, benötigen Gäste weder Platzreife noch müssen sie Mitglied in einem Golfclub sein. Für den „Championship Course" dagegen ist sowohl eine Mitgliedschaft als auch eine Stammvorgabe notwendig.

Wer statt mit dem Golf- lieber mit dem Fußball spielt, kann den Golfplatz Schönfeld auch als Fußballplatz nutzen. **Fußballgolf** wurde in den 1980er-Jahren in Schweden erfunden und kombiniert Elemente beider Sportarten. Statt eines Schlägers benötigt jeder der bis zu vier Spieler, die zur gleichen Zeit bei Loch 1 die Runde beginnen,

Golf

Golf-Club Bockfließ/Deutsch-Wagram
Bockfließer Straße
2213 Bockfließ
www.golfrange.at/Bockfließ

Golfclub Schönfeld
Am Golfplatz 1
2291 Schönfeld
www.gcschoenfeld.at

Golf- & Lifestylezentrum Marchfeld
Gewerbestraße
2281 Raasdorf
www.perfectgolf.at

Golf in S, M und XXL

Am Minigolfplatz der Wagramer Grill-Ranch

einen Fußball, den er mit möglichst wenig Schüssen in das Loch schießen soll, das mit einer schwarz-weißen Fahne farblich passend markiert ist. Wer die 9 Loch mit den wenigsten Schüssen meistert, hat gewonnen.
Fußballgolf soll bald auch in der Nähe von Raasdorf gespielt werden können. Auf dem 30 Hektar großen Gelände rund 300 Meter westlich vom Bahnhof im Ortsteil Pysdorf plant der Groß Enzersdorfer Reinhard Wachmann ein „Golf- und Lifestylezentrum", in dem vieles Platz finden soll: ein 9-Loch-Golfplatz, eine Driving Range, Fußball- und Abenteuergolf, eine Golfakademie, eine Streetsoccer-Halle, ein Badeteich, ein Wellness- und Fitnessbereich mit medizinischer Betreuung, ein Hotel, Gastronomie – und ein großer Parkplatz.

Minigolf mit Gänsen als Zaungästen

Die **Esel** bilden das Begrüßungskomitee. Trotz hochsommerlicher Hitze traben sie los, sobald Radfahrer oder Fußgänger am Zaun haltmachen. In Gang setzt sie offenbar nicht nur die Neugier, sondern auch der Hunger, denn unter den schattenspendenden Kiefern zwischen Nordbahnstrecke und Angerner Bundesstraße wächst so gut wie kein Gras.
Was auf dem Weg vom Bahnhof Deutsch-Wagram zum **Minigolf-Platz der Wagramer Grill-Ranch** als Zwischenstopp geplant war, wird mit Kindern zum längeren Aufenthalt. Am Bahndamm wächst viel Gras, das an die Esel verfüttert werden muss. „Die haben ja alle Karies", sagt eine Sechsjährige beim Anblick der Gebisse fasziniert. Da hilft nur gesunde

Ernährung in Form einer weiteren Portion Grünzeugs, die durch den Zaun serviert wird.

Seit 2006 werden Tiere auf der Grill-Ranch nicht nur gegessen – als Alternative zu den obligatorischen Schnitzeln von Schwein und Pute steht Exotisches wie Bison- und Straußensteak auf der Speisekarte –, sondern auch gehalten. Neben den Eseln gibt es auf dem Areal Ziegen, Schafe, Lamas, Hasen, Schweine und Meerschweinchen. Rund 40 Tiere leben in den Gehegen, die **Hannes Wild,** der die Grill-Ranch vor mehr als 20 Jahren übernommen hat, zum Teil originell in die Minigolfanlage einbezogen hat. Wenn sie nicht gerade ein erfrischendes Bad nehmen, sind die Gänse faire Zaungäste beim Versuch, den Ball mit möglichst wenig Schlägen ins Loch zu bugsieren. Ihr Schnattern klingt immer beifällig, egal wie ungeschickt man sich anstellt. Auch Ziegen und Schafe sind interessiert am Geschehen auf den 18 großzügigen Betonbahnen, die 2013 neu angelegt wurden.

Minigolf werde hier zwischen Bundesstraße und Bundesbahn aber schon länger gespielt, weiß Hannes Wild: „Den Platz gibt es seit 1968." Das einstige Buffet ist im Lauf der Jahre zu einem großen Gasthaus mit vielen Tischen im Außenbereich herangewachsen, wo es seit 1992 einen Holzkohlengrill gibt. Dass sich hier fast alles um das Tier dreht, zeigen nicht nur die Fleischstücke auf dem Rost, sondern auch der mächtige Bisonkopf und andere ausgestopfte **Trophäen** im Inneren. Eine aus Holz geschnitzte Giraffe scheint von ihrem Standort am Rand einer Minigolfbahn den besten Blick über Gewinner und Verlierer zu haben. Einer allerdings kommt noch höher hinaus: Am Stamm einer der Kiefern, die Minigolfspielern und ihrem tierischen Publikum Schatten spenden, klettert ein Kleiber auf und ab, bis er schließlich auf einen kurzen Ast sitzen bleibt. Von diesem Logenplatz beäugt er wie ein Theaterzuschauer die kleinen Tragödien und Komödien, die die Akteure mit Schläger und Ball unter ihm aufführen.

Minigolf

Wagramer Grill-Ranch
Angerner Bundesstraße 1024
2232 Deutsch-Wagram
www.grillranch.at
Minigolfanlage geöffnet Apr. bis Nov. tägl. 10–23 Uhr (Flutlicht).

1. Miniaturgolfclub Gänserndorf
Josef-Graf-Stadion
Sportgasse 12
2230 Gänserndorf
Geöffnet von Ende März bis Ende Okt.
Mi. bis So. & Feiertag 14–19 Uhr.

Tiere der Wagramer Grill-Ranch

Fliegen wie einer der Seeadler des Nationalparks

Dass das Marchfeld mit seinen vielen Feldern einem Spielbrett gleicht, ist nur von oben zu sehen. Entweder man macht es so ähnlich wie der französische Ballonfahrer Jean-Pierre Blanchard (1750/53–1809), der 1791 nach einem Aufstieg im Wiener Prater in der Nähe von **Groß-Enzersdorf** landete und damals von der Stadt festlich empfangen wurde. Oder man startet mit einem modernen Leichtflugzeug auf dem südlich der Donau gelegenen **Flugplatz Spitzerberg.**
Schon eine Schnupperstunde kann Flugsportinteressierten den Blick aus der Vogelperspektive ermöglichen. Wer in großer Höhe kreist wie einer der **Seeadler,** die seit 2005 wieder im Nationalpark Donau-Auen brüten, sieht unten wahrscheinlich keine Maus, aber vielleicht ein Schloss, das wie vergessen am Rand des Auwalds steht, einen Radweg, der sich an einem Fluss entlangschlängelt, oder einen Donaustrand, an dem Badende an heißen Sommertagen Erfrischung finden.
Was immer Sie auch aus der Vogel-, Radfahrer- oder Froschperspektive entdecken mögen: Im weiten, menschenleeren Marchfeld und in den grünen Naturparadiesen entlang von March und Donau lässt es sich immer wieder genüsslich abtauchen und für ein paar Stunden die Stille zwischen den beiden Großstädten Wien und Bratislava hören.

Flugsportzentrum Spitzerberg
Spitzerberg 1
2405 Hundsheim
www.spitzerberg.at

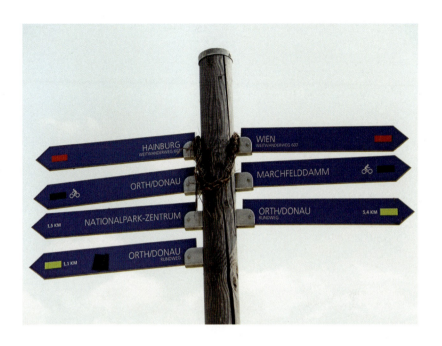

Anhang

Mobil im Marchfeld

Bahn

Marchegg Bahnhof, in dessen Umkreis Schloss Hof, Schloss Marchegg und die WWF-Storchenkolonie lohnenswerte Ziele für Radler sind, ist vom Hauptbahnhof Wien mit dem Regionalexpress in einer knappen Dreiviertelstunde und von Bratislava in 20 Minuten zu erreichen. Auch nach **Haslau,** wo ein Themenweg durch die Donauauen führt, benötigt man mit der S-Bahn vom Bahnhof Wien Mitte-Landstraße weniger als eine Dreiviertelstunde. Die **Uferfähre** bringt Fußgänger und Radfahrer ans andere Ufer, wo Schiffmühle, Uferhaus und Schloss Orth mit dem Nationalpark-Zentrum und seinem umfangreichen Besucherangebot warten. Neben der Marchegger Ostbahn und der S-Bahn-Strecke Wien–Wolfsthal führen noch zwei weitere Linien in das Marchfeld: die Nordbahn und die von ihr abzweigende Lokalbahn Gänserndorf–Marchegg.

Beginnen wir im Norden: Deutsch-Wagram, Gänserndorf und Weikendorf erschließt die traditionsreiche Strecke der ehemaligen Kaiser Ferdinands-Nordbahn, heute schlicht **Nordbahn** genannt. Wo jetzt die S-Bahn-Linie 1 sowie Regional- und Fernzüge Wien bei Floridsdorf Richtung Osten verlassen, wurde am 23. November 1837 die erste Dampfeisenbahn Österreichs eröffnet (siehe Seite 26 ff.). Damals war Deutsch-Wagram Endstation der Reise, heute enden die S-Bahnen in Gänserndorf. Im Halbstundentakt gelangt man in nur 40 Minuten vom Bahnhof Wien Mitte über Handelskai, Leopoldau, Süßenbrunn, Deutsch-Wagram, Helmahof, Strasshof und Silberwald nach Gänserndorf. Die Regionalzüge fahren über Weikendorf-Dörfles, Tallesbrunn, Angern und die geschichtsträchtigen Orte Dürnkrut und Jedenspeigen weiter nach Bernhardsthal und Breclav.

Ein Ast der Nordbahn zweigt bei Gänserndorf zur Bahnhofsiedlung Marchegg ab. Die Triebwagen, die auf dieser eingleisigen Bahnstrecke Gänserndorf–Marchegg pendeln, halten in Weikendorf und Oberweiden.

Marchegg Bahnhof liegt auch an der **Marchegger Ostbahn,** die quer durch das Marchfeld verläuft und die nur 60 Kilometer voneinander entfernten Hauptstädte Österreichs und der Slowakei verbindet. Vom Hauptbahnhof Wien fahren Regionalexpresszüge in einer knappen Dreiviertelstunde über Simmering, Stadlau, Hausfeldstraße und Siebenbrunn-Leopoldsdorf nach Marchegg. Weniger als eine Stunde benötigen auch die Regionalzüge, die zusätzlich in Raasdorf, Glinzendorf, Untersiebenbrunn, Schönfeld-Lassee und Breitensee stehen

bleiben und vor allem Fahrradfahrern Anschlüsse ins Marchfeld bieten.
Für Fußgänger liegen viele Bahnhöfe und Haltestellen der Marchegger Ostbahn weniger günstig, da die Orte bei der Planung buchstäblich links liegen gelassen wurden: Für die einstige europäische Magistrale zwischen Wien und Budapest wurde der Marchegger Ast wie mit einem Lineal durch das Marchfeld gezogen und ist damit der längste völlig gerade Schienenweg Österreichs. Schattenseite dieses Rekords ist, dass Haltestellen und Ortskerne oft einige Kilometer voneinander entfernt liegen. Ganz von der Bahn abgeschnitten sind die Orte im Süden des Marchfelds, denn die Landesbahn, die bei Leopoldsdorf Richtung Süden abzweigte und sich bei Breitstetten wiederum in zwei Äste teilte, ist leider Eisenbahngeschichte.
Die **S-Bahn-Strecke Wien–Wolfsthal**, die zum Teil auf der Trasse der ehemaligen Pressburger Bahn südlich der Donau verläuft und auch den Flughafen Schwechat mit der Hauptstadt verbindet, schafft stündlich (an Wochenenden im Zweistundentakt) Anknüpfungspunkte an den Nationalpark Donau-Auen: Wer in Maria Ellend, Haslau, Regelsbrunn, Bad Deutsch-Altenburg oder Hainburg aussteigt, erreicht den Strom und seine Auwälder mit dem Fahrrad, aber auch zu Fuß. Neben der **Uferfähre Haslau** gibt es zwischen Bad Deutsch-Altenburg und Hainburg mit der **Donaubrücke** die Möglichkeit, ans andere Ufer und somit ins Marchfeld zu gelangen.

> ÖBB-Kundenservice
> www.oebb.at
> Tel.: 05 1717

Bus

Etliche Regionalbuslinien erschließen das Marchfeld, wobei die Busse oft nicht im Taktverkehr, sondern in großen Abständen und in den Schulferien sowie am Wochenende noch seltener fahren. Ihre Routen variieren mitunter und gleichen auch deshalb einem Buch mit sieben Siegeln, weil manche Haltestellenaushänge so verblichen sind, dass sie nicht mehr zu entziffern sind. Mögliche Verbindungen sollte man vorab über die ÖBB oder den Verkehrsverbund Ost-Region abfragen, wobei sich manchmal empfiehlt, beide Routenplaner in Anspruch zu nehmen, um alle möglichen Alternativen zu finden.
Auch ohne Planung gut zu erreichen ist **Groß-Enzersdorf:** Die Wiener Buslinie 26A fährt in kurzen Abständen und hält sowohl an der U1-Haltestelle Kagran als auch an der U2-Haltestelle Aspernstraße. Dort startet der Regionalbus 391, der direkt vor dem Schloss Orth hält und auch andere Orte im südlichen Marchfeld ansteuert.
Schloss Hof bietet nicht nur einen **Shuttle-Service** an, der die Anreise mit der Bahn ermöglicht, sondern liegt auch auf der Route von Hop-on-hop-off-Bussen, die von Ende März bis Oktober samstags, sonntags und feiertags am Hotel Hilton beim Wiener Stadtpark abfahren. Weitere Stationen auf der Grauen Linie sind der Archäologische Park Carnuntum und das Museum Carnuntinum in Bad Deutsch-Altenburg. Wer mit dem Bus um 10 Uhr in Wien startet, kann zudem Schloss Niederweiden bei einer Führung um 11 Uhr besichtigen.

Verkehrsverbund Ost-Region
www.vor.at
Tel.: 0810 222324

Hop-on-hop-off-Busse
www.viennasightseeing.at
Tel.: 01 7124683

Anrufsammeltaxi

Das Anrufsammeltaxi (AST) fährt auch in Gegenden, die wegen dünner Besiedlung nicht von Bahn oder Bus erschlossen werden. Am **AST Marchfeld** sind die Gemeinden Groß-Enzersdorf, Leopoldsdorf, Orth an der Donau, Raasdorf, Andlersdorf, Mannsdorf an der Donau, Obersiebenbrunn, Untersiebenbrunn, Markgrafneusiedl, Großhofen und Haringsee beteiligt; bedient wird auch Gänserndorf.
Sammelstellen und Abfahrtszeiten sind in die Fahrplanabfragen der ÖBB und des Verkehrsverbunds Ost-Region integriert. Eine Beförderung muss spätestens 30 Minuten vor der gewünschten Abfahrt reserviert werden.

AST
www.vor.at
Tel.: 0810 810278

Fahrrad

Da sich das Marchfeld und die Donauauen gut zum Radfahren eignen, haben die Tourismusverbände **zahlreiche Radrouten** durch die brettlebene Landschaft beschildert. Zu den bekanntesten gehört der **Donauradweg**, der am nördlichen Flussufer als Teil des Eurovelo 6 zum größten Teil auf dem Marchfeldschutzdamm verläuft. Er ist auch Bestandteil der 42 Kilometer langen **Nationalpark-Tour Donau-Auen,** die als Rundweg zwischen Haslau und Bad Deutsch-Altenburg angelegt wurde.
Gut für Familien geeignet ist der insgesamt 62 Kilometer lange **Marchfeldkanal-Radweg,** der von Langenzersdorf über Gerasdorf quer durchs Marchfeld bis nach Schloss Hof führt. Entlang der Route, die größtenteils auf den geschotterten Begleitwegen des Marchfeldkanals und des Rußbachs verläuft und in fünf Themenabschnitte unterteilt ist, gibt es Picknickplätze sowie Hinweise auf Hofläden, Gasthäuser und Sehenswürdigkeiten in den angrenzenden Orten.
Von Nord nach Süd queren der **Rw5** im westlichen und der **Kamp-Thaya-March-Radweg** im östlichen Marchfeld die Region. Besonders naturnah lassen sich die Marchauen jedoch am östlichen Ufer des Grenzflusses entdecken, wo zwischen Angern und Bratislava der **Eurovelo 13/Iron Curtain Trail** verläuft. Ihm folgt auch ein Abschnitt des 37 Kilometer langen Rundwegs „**Entlang der March/Popri Rieke Morava",** der in Dévinska Nová Ves beginnt und endet. Natur und Kultur kombiniert auf 50 Kilometern die **Carnuntum-Schloss-Hof-Bratislava-Tour,** die sich ebenfalls in Dévinska Nová Ves oder in Hainburg beginnen lässt.
Bei der Planung eines Fahrradausflugs sollte man den **Wind** bedenken, der die Ebene zwischen Wien und Bratislava meist heftig durchbläst. Selbst Routen wie der Marchfeldkanal-Radweg, die durch Gehölze geschützt sind, haben längere ausgesetzte Abschnitte, die bei

Gegenwind nicht nur radelnde Kinder schnell ermüden. Der Marchfelder Wind weht auch dem **Fahrradverleih Nextbike** kräftig ins Gesicht: Die meisten der 2011 eröffneten Stationen wurden nach der Pilotphase, die von Bund und Land Niederösterreich gefördert wurde, 2015 wieder aufgegeben, denn wo es weniger als 100 Ausleihen im Jahr gibt, fallen zusätzliche Kosten für die Gemeinden an. Von ursprünglich zwölf Standorten im Marchfeld sind daher nur drei erhalten geblieben: am Bahnhof und am Hauptplatz Marchegg (Schloss) sowie am Schloss Hof. Weitere Ausgangspunkte für Touren mit einem Nextbike-Leihrad in die Region können auf der südlichen Seite der Donau Bad Deutsch-Altenburg mit Stationen am Bahnhof und am Museum Carnuntinum sowie Hainburg (Hauptplatz) sein. Reservierungsanfragen sind allerdings nur für Gruppen möglich, für Kinder sind die Unisex-Räder mit 3-Gang-Schaltung nicht geeignet.

Auch **E-Bike-Nutzer** finden noch keine optimale Infrastruktur in der Region vor. Ladestationen fehlen ebenso wie Verleiher.

Bleibt noch die Möglichkeit, eine Fahrradkarte zu lösen und das eigene Rad in der **Bahn** mitzunehmen, wobei im Marchfeld und auf der S-Bahn-Strecke nach Wolfsthal statt moderner Niederflurfahrzeuge mit abgesenkten Türbereichen oft noch ältere Regionalzüge unterwegs sind. Jedoch helfen die meisten Zugbegleiter gern dabei, das Fahrrad in den Steuerwagen und wieder hinaus zu heben. Und spätestens sobald man wieder im Sattel sitzt, schätzt man den Komfort und die Unabhängigkeit, die das eigene Zweirad mit sich bringt.

Nextbike

Verleihstationen
Marchegg Bahnhof
Marchegg Hauptplatz
Schloss Hof
Bad Deutsch-Altenburg Bahnhof
Bad Deutsch-Altenburg Museum Carnuntinum
Hainburg Hauptplatz
www.nextbike.at
Tel.: 02742 229901

Iron Curtain Trail
www.ironcurtaintrail.eu

Schiff & Boot

In zwei Richtungen, nämlich nach Süden und Osten, begrenzen Flüsse das Marchfeld. Wasser ist die Lebensgrundlage der Auen, deren Bewohnern man mit Boot oder Schiff besonders nahe kommt.

Auf der **Donau** selbst, die östlich von Wien bis zur Staatsgrenze Teil des Nationalparks ist, dürfen Wasserfahrzeuge gemäß Schifffahrtsgesetz unterwegs sein. Wer nicht selbst das Ruder in der Hand halten möchte, kann sich vom **Motorschiff Kaiserin Elisabeth,** vom **Twin City Liner** oder vom **Tragflügelboot** gemächlich oder schnell von Wien nach Bratislava und retour bringen lassen. Der Vorrang großer Passagier- und Frachtschiffe und die starke Strömung setzen Übung mit Paddel und Boot voraus. Auch erfahrene **Kanuten** dürfen ihr Boot ab einem Pegel Wildungsmauer von 600 Zentimetern nicht mehr zu Wasser lassen. Das Anlegen ist nur an ausgewiesenen Plätzen wie dem Uferhaus Orth oder bei Hainburg erlaubt.

Am Uferhaus Orth legt auch die **Uferfähre nach Haslau** an, mit der Fußgänger und Radfahrer übersetzen können. Mit Kanu oder Schlauchboot können auch einige der **Seitenarme** entdeckt werden: Der Schönauer Arm, die Kleine und die Große Binn bei Orth, der Stopfenreuther Arm sowie der Spittelauer und der Johler Arm bei Hainburg sind zumindest teilweise befahrbar. Anlanden, Aussteigen und Lagern sind aber nicht erlaubt.

Die **March** eignet sich wegen des WWF-Naturreservats im Unterlauf gut zum Beobachten von Störchen, Reihern und anderen Vögeln. Ein **Fahrverbot** gibt es **von Jänner bis Mai** und generell für Motorboote und auf Nebenarmen.

Sowohl auf österreichischer als auch auf slowakischer Seite darf man überall anlegen, sollte beim Befahren des Grenzflusses allerdings einen Pass dabeihaben. Das Zelten ist nach Absprache mit dem jeweiligen Grundstücksbesitzer gestattet.

Mit **geführten Bootstouren,** wie sie der Nationalpark Donau-Auen und der WWF in Zusammenarbeit mit dem Verein Auring und dem Storchenhaus Marchegg oder private Anbieter organisieren, können auch Ungeübte und Familien mit Kindern die Orther oder die Stopfenreuther Au erkunden. Wer länger aus dem Alltag abtauchen möchte, kann an mehrtägigen Exkursionen teilnehmen.

Fähren und Schifffahrt

Donau

Uferfähre Orth–Haslau
Johannes Wiesbauer
www.faehre-orth.at
Apr. bis Okt. tagsüber nach Bedarf.

Fähre Hainburg–Devín
Event-Schifffahrt Haider
www.event-schifffahrt.at
Mai, Aug. & Sept. So. & Feiertag.

**MS Kaiserin Elisabeth
Wien–Bratislava–Wien**
Donau Touristik GmbH
www.donaureisen.at
Mai bis Okt.

**Schnellkatamaran Wien–Bratislava
Twin City Liner**
www.twincityliner.com
April bis Okt.

**L.O.D. Tragflügelbootlinie
Wien–Bratislava**
www.tragfluegelboot.at
April bis Okt.

March

Fähre Angern–Záhorská Ves
Betrieb nach Bedarf mit Ausnahme von Hoch-/Niedrigwasser oder Eisgang.

Geführte Bootsexkursionen

Nationalpark Donau-Auen
Schloss Orth
2304 Orth/Donau
www.donauauen.at

WWF Österreich
Ottakringer Straße 114–116
1160 Wien
www.wwf.at/auerlebnis

Martin A. Gleiss
3522 Brunn am Wald 30a
www.kreislaeufe.at

genusspaddeln.at
Petersbrunnstraße 6a
5020 Salzburg
www.genusspaddeln.at

Geführte Touren und Bootsverleih

Kanu-Ferl
Roswitha Frei
Hauptstraße 167
2122 Münchsthal
www.kanu-ferl.at

Kanuverleih March-Thaya
Harald Frei
Untere Hauptstraße 151
2272 Ringelsdorf
www.kanu-fritz.at

Kajak Wastl
Bettina & Wolfgang Frei
Hauptstraße 349
2231 Strasshof an der Nordbahn
www.kajak-wastl.at

Zu Fuß

Vor allem die Orte des Marchfelds, aber auch die Donau- und Marchauen bieten sich für Spaziergänge und Wanderungen an. Mancherorts gibt es informativ beschilderte und damit kurzweilige **Rundgänge** wie den Deutsch-Wagramer Kultur-Spaziergang. Die Stadtmauer Groß-Enzersdorf lässt sich ebenfalls am besten zu Fuß umrunden. Die Weikendorfer Kirchenanlage samt dem gepflegten Ort lädt dank der Lage zwischen zwei Bahnstationen zu einem beschaulichen Spaziergang ein.
Die reiche **Tier- und Pflanzenwelt des Nationalparks** lässt sich zum Beispiel auf dem **Themenweg Haslau** entdecken, der nur einen Kilometer von der Bahnstation entfernt beginnt und mit vielen Stationen auch kleineren Kindern ausreichend Abwechslung bietet. Das gilt ebenfalls für die Schlossinsel Orth und den Fadenbach: Der Regionalbus nach Orth an der Donau hält direkt vor dem Schloss und damit nahe des Ausgangspunkts des **Großen Orther Rundwanderwegs**.
Im **WWF-Auenreservat** laden Storchenweg, Biberweg und Unkenweg zu Spaziergängen ein, wobei jedoch der Eingang hinter dem Schloss Marchegg mit öffentlichen Verkehrsmitteln gerade am Wochenende schlecht zu erreichen ist. Wer mit der Bahn anreist, kann aber am Bahnhof Marchegg ein „Nextbike" ausleihen und damit bis zum Hauptplatz am Schloss radeln. Wer zu Fuß geht, kann einen Teil der Strecke auf dem **Historischen Rundweg Marchegg** zurücklegen und damit zugleich Natur und Geschichte des Marchfelds erkunden.

Nachlesen & nachschauen

Bücher

Bundesdenkmalamt (Hg.): Dehio-Handbuch Niederösterreich. Niederösterreich nördlich der Donau. Verlag Anton Schroll & Co., Wien 1990.

Eigner, Herbert (sen.)/Eigner, Herbert: Das Marchfeld. Sutton-Verlag, Erfurt/Wien 2013.

Fritsch, Gerhard: Moos auf den Steinen. Roman. Korrektur Verlag, Mattighofen 2014.

Golebiowski, Reinhard/Navara, Gerald: Naturerlebnis Donau Auen: das Buch zum Nationalpark. Styria Verlag, Graz/Wien/Köln 2000.

Hofmann, Thomas: Das Weinviertel und das Marchfeld. 3. überarb. und erw. Aufl., Falter Verlagsgesellschaft, Wien 2012.

Jirku, Brigitte: Wandern und Kultur in Niederösterreich Bd. 1: Nationalpark Donau-Auen. Berger & Söhne, Ferdinand, Horn 2011.

Lukan, Karl: Das Weinviertelbuch. Kulturhistorische Wanderungen. Jugend & Volk, Wien 1992.

Maier, Dieter: Die Donau. Natur, Kultur, Land und Leute. Eggolsheim, Edition Dörfler im Nebel Verlag 2001.

Rademacher, Christina: Auf den Spuren von Prunk & Pomp. Unterwegs zu den schönsten Schlössern in und um Wien. Pichler Verlag, Wien 2015.

Rademacher, Christina/Kastberger, Erwin: Unterwegs mit Kindern – Wien und Umgebung mit dem Rad entdecken. Leopold Stocker Verlag, Graz 2008.

Stöckl, Marcus und Rosemarie: Weinviertel mit Marchfeld und Donauauen. 50 Touren. 2. aktualisierte Auflage, Bergverlag Rother, München 2013.

Karten & Broschüren

Ausflüge für die Sinne in der Region Marchfeld. Donau Niederösterreich Tourismus GmbH, 3620 Spitz/Donau.

Lobau-Wanderkarte. Wiener Teil des Nationalparks Donau-Auen. Magistrat der Stadt Wien, MA 49.

Marchegg – Ottokars Königsstadt. ARGE Stadtmauerstädte, 3730 Eggenburg.

March-Thaya-Auen. Natur erleben. Weinviertel Management, 2225 Zistersdorf, 2. Auflage 2014.

Napoleon-Rundwanderweg. Magistrat der Stadt Wien, MA 49.

Pannonische Sanddünen. Durch die Trockenrasen und Sanddünen des Marchfelds. Hrsg.: Naturfreunde Internationale. Gugler Print & Media, Melk.

Radkarte Marchfeldkanal-Radweg. Maßstab 1:80.000. Donau Niederösterreich Tourismus GmbH, 3620 Spitz/Donau.

Radkarte Römerland Carnuntum – Marchfeld & Region Bratislava. Maßstab 1:80.000. Donau Niederösterreich Tourismus GmbH, 3620 Spitz/Donau.

Stadtplan Deutsch-Wagram. Schubert & Franzke Ges. m. b. H., 3100 St. Pölten.

Wandern im Nationalpark Donau-Auen.

Nationalpark Donau-Auen GmbH, 2304 Orth an der Donau.
Wander-, Rad- und Freizeitkarte WK 013: Nationalpark Donau-Auen, Lobau, Hainburg, Marchegg, Gänserndorf, Bruck a. d. Leitha. Maßstab 1:50.000. Freytag-Berndt & Artaria KG, 1230 Wien.
Weikendorf – Niederösterreich. Christliche Kunststätten Österreichs, Nr. 374. Verlag St. Peter, Salzburg 2001.

Zeitungsartikel & Filme

3er-Wirt Pepi Helm: „Ich wollte niemals Gastronom werden". Kurier, 10. Dezember 2013.
Aufplustern für den Artenschutz. Der Standard, 19. März 2013.
Die verschwundene Eisenbahn. Wiener Zeitung, 15. Mai 2014.
geLa Ochsenherz. Erste CSA Österreichs in Gänserndorf bei Wien. Ein Film von Daniel Bayer, Jakob Gadermaier, Lisa Holzer und Magdalena Kubinger. Erarb. im Rahmen der Lehrveranstaltung „Bakkalaureatsseminar Ökologische Landwirtschaft" an der Universität für Bodenkultur Wien 2012.
Marchfelder Betriebe warten auf den großen Run. Wirtschaftsblatt, 2. Juli 2015.
NÖ streicht weiter Platz für Windräder. Die Presse, 10. April 2014.
Radausflug durch die March-Au. Der Standard, 27. September 2014.
Windräder nur auf zwei Prozent der Landesfläche erlaubt. Die Presse, 17. Dezember 2013.
Wo der Sandsturm Wanderdünen baute. Radtour zur Weikendorfer Remise im Marchfeld. Der Standard, 8./9. Oktober 2005.

Links

www.3erwirtshaus.at
www.blama.at
www.bratislava.de
www.bundesheer.at
www.burgen-austria.com
www.burgenkunde.at
www.deutschwagram.com
www.deutsch-wagram.gv.at
www.devinsky-ribezlak.sk
www.donau.com
www.gaenserndorf.at
www.großtrappe.at
www.marchfeldkogel.at
www.marchfeldspargel.at
www.marktgemeinde-eckartsau.at
www.ms-visucom.de
www.muzeum.bratislava.sk
www.natuerlich-marchegg.at
www.naturland-noe.at
www.noe-pferdesport.at
www.noe.gv.at
www.oberegger2.org
www.regionmarchfeld.at
www.sandduene.at
www.schloesserreich.at
www.schlosshof.at
www.stadtmauerstaedte.at
www.tbraab.at
www.volkstanz-marchfeld.at

Zeichenerklärung

Fahrradtour
Wanderung/Spaziergang
Bootstour

Orte & Sehenswürdigkeiten

Aderklaa 22, 36, 40, 124 f., 136
_ Kulturhof 124 f.
Andlersdorf 47, 150
Angern an der March 105, 108 f., 148, 150, 152
_ Fähre 152
Aspern 21

Bad Deutsch-Altenburg 20, 90 f., 104, 149 ff.
_ Museum Carnuntinum 91, 104, 149, 151
Baumersdorf 21
Bernsteinstraße 14, 82
Biberweg 107 f., 153
Bratislava/Pressburg 11, 14, 26, 38, 76, 90, 96, 111, 140, 144, 148, 150 f.
Breitensee 15, 136 f., 148
Breitstetten 26, 29, 149
_ Dampfmaschinenmuseum 29
Brücklwiese 102, 104
Budapest 26, 149

(Archäologischer Park) Carnuntum 11, 14, 40, 105, 149
Carnuntum-Schloss-Hof-Bratislava-Tour 90 f., 112, 150

Dechantlacke 103
Deutsch-Wagram 21 ff., 26 ff., 40, 43, 45 f., 50 ff., 110, 112, 126, 140, 142 f., 148
_ Bahnhof 24, 27 f., 50, 52, 112, 126, 141
_ City-Route 50
_ Eisenbahnmuseum 27 ff.
_ Grundwasserstrandbad 51
_ Heimat- und Napoleonmuseum (Erzherzog-Carl-Haus) 22 f., 25
_ Kulturspaziergang 52, 153
_ Kunstmeile 126
_ Marktplatz 50, 52
_ Pfarrkirche 51
_ Sachsenklemme 21 f., 24, 52, 112
_ Sahulkapark 22, 51 f.
_ Schulzentrum 51
Devín 17, 70 f., 90, 152
Devínska Nová Ves 62, 90, 105, 108, 111 f., 105
Donau 11, 14 f., 16 ff., 47, 57, 60, 70, 73, 76, 86 f., 90 ff., 96, 99 f., 102, 104 f., 110, 123, 137 f., 144, 149 ff., 153
Donaubrücke 90 f., 104, 149
Donau-Oder-Kanal 43, 138 f.
Donauradweg 20, 86, 91, 150
Dürnkrut 14, 80, 148

Eckartsau 43, 46, 72 f., 90, 92, 102, 125, 137
Eiserner Vorhang 70, 105, 132
Engelhartstetten 26, 82, 90 f.
Entlang der March/Popri Rieke Morava 108, 150
Erlebnisweg Fadenbach 101
Eßling 88
Eurovelo 6 150
Furovelo 13 108, 150

Fadenbach 19, 101, 153
Fahrradbrücke der Freiheit 76, 105, 111
FFH-Gebiet Pannonische Sanddünen 117 ff.
Floridsdorf 26, 28, 148
Flugplatz Spitzerberg 144
Franzensdorf 36, 47

Gänserndorf 15, 42, 44, 46 f., 50, 53 ff., 66, 117, 118, 121, 123, 125, 126, 128, 132, 136, 142 f., 148, 150
_ Bahnhof 47, 54, 148
_ Edelhof 53
_ Erlebnispark 132 f.
_ Hallenbad 138
_ Kulturhaus (ehem. Schmied-Villa) 125, 128
_ Rathaus 53 ff.
_ Sommerszene 128 f.
_ Windpark 32
Gerasdorf 36, 110, 112, 150
Glinzendorf 32, 51, 46 f., 148

Orte & Sehenswürdigkeiten

Groißenbrunn 14, 80
Groß-Enzersdorf 25, 41, 43, 46, 50, 56 ff., 90, 102, 123, 125 ff., 137, 144, 149 f., 153
_ Heimatmuseum 25, 32
_ Höfefest 126 ff.
_ Kotter mit Foltermuseum 123, 125
_ Kunst.Lokal 58, 123, 125
_ Marienkapelle 56
_ Mariensee 137
_ Rathaus 53, 55
_ Stadtmauer 56, 58
_ Stadtpfarrkirche 56 f.
_ Wassertor 57 f.
_ Wochenmarkt 41
Großer Orther Rundwanderweg 19, 153
Großhofen 136, 150

Hainburg 16, 20, 90, 96, 149 ff.
Hainburger Au 17, 97
Haringsee 25, 112, 113 ff., 129, 137, 150
_ Bauernmuseum 25
_ Eulen- und Greifvogelstation (EGS) 114 ff.
_ Kulissenlager 129
Haslau 20, 47, 92, 96, 103 f., 148 ff., 152 f.
_ Themenweg 103, 153
_ Uferfähre 20, 92 ,149, 152
Helmahof 51 f., 148
Höflein-Carnuntum 40
Hundsheim 144
Hundsheimer Berge 70

Iron Curtain Trail 105, 108, 150 f.

Jedenspeigen 14, 148

Kamp-Thaya-March-Radweg 91, 105, 150
Kopfstetten 72, 137

Langenzersdorf 110, 150
Lassee 36, 41, 116, 118, 122 f., 124 f., 135 f., 148
_ Badeteich 138
_ Glasbildergalerie Europapark 124 f.
Leopoldsdorf 25, 32, 36, 41, 43, 46, 79, 90, 112, 116, 148 ff.
_ Bahnhof Siebenbrunn-Leopoldsdorf 24, 85, 92, 116
_ Heimatmuseum 25
_ Zuckerfabrik 26, 32
Lobau 20 f., 24 f., 102 ff., 138

_ Napoleonrundweg 24 f.
_ Naturlehrpfad Obere Lobau 103

Mannsdorf an der Donau 14, 33, 36, 43, 46, 150
March 10, 14, 60, 70, 75 f., 82, 86, 105 ff., 138, 144, 150, 152
Marchauen 59, 70, 105 ff., 135, 150, 153
Marchegg 10, 14 f., 25, 36, 46, 50, 54, 59 ff., 80 f., 90 f., 107 ff., 117 f., 122, 137
_ Bahnhof 59, 63, 91, 109, 148, 151, 153
_ Groißenbrunnertor 59, 63
_ Hauptplatz 61, 63, 151, 153
_ Heimatmuseum 25, 63
_ Historischer Rundweg 59 ff., 63, 153
_ March-Überfuhr 61 ff.
_ Pálffy-Mausoleum 62
_ Pfarrkirche 60 f.
_ Pulverturm 59, 63
_ Rathaus 61
_ Schlosspark 25, 62, 81, 107, 109
_ Storchenhaus 81, 107, 109, 152
_ Tümpelwiese 59 f.
_ Ungarteich 60, 63
_ Ungartor 15, 59 f., 63, 91
_ Weißstorchkolonie 10, 81, 109, 148
_ Wienertor 60, 63
_WWF-Auenreservat 63, 106 ff., 153
Marchegger Ostbahn 26, 148 f.
Marchfähre 152
Marchfeldkanal 10 f., 21, 47, 110 f., 112 f., 150
_ Radweg 21, 24, 92, 112, 116, 150
_ Wanderweg 112
Marchfeldkogel 114
Marchfeldschutzdamm 20, 86, 92 f., 99, 102, 104 f., 108 f., 150
Marchtor 76
Maria Ellend 96, 104, 149
Markgrafneusiedl 15, 21, 24 f., 35, 41, 47, 112 f., 118, 121, 136, 150
_ Historisch-Archäologisches Museum 25
Markthof 41, 86

Nationalpark Donau-Auen 10, 17, 19, 43, 47, 86, 90, 96 ff., 111, 144, 149 f., 152
Nationalpark-Forstverwaltung Lobau 102
Nationalparkhaus wien-lobAu 102 f.
Nationalpark-Zentrum Donau-Auen 86 f., 100, 102, 148
_ Aussichtsturm 87

ANHANG

_ Schlossinsel 87, 100, 153
_ Unterwasserstation 100
Natura-2000-Gebiet Sandboden und Praterterrasse 113 f.
_ March-Thaya-Auen 10
Naturschutzgebiet Devínska Kobyla 70, 90
_ Dolný les 106, 108
_ Erdpresshöhe 118
_ Gerichtsberg 118
_ Lassee 118
_ Sandberge Oberweiden 11, 114, 117, 119 f., 122
_ Wacholderheide Obersiebenbrunn 117 ff.
_ Weikendorfer Remise 10, 114, 117 ff.
_ Windmühle 118
Nordbahn (Kaiser Ferdinands-Nordbahn) 11, 26, 28 f., 53, 141, 148

Oberhausen 11, 46, 88 ff., 125, 136
Obersiebenbrunn 11, 15, 21 f., 24, 41, 84 f., 90, 92, 110, 116 f., 118 ff., 127, 136, 150
_ Franzosenfriedhof 21 f., 24, 92
Oberweiden 15, 43 f., 46, 117, 119, 122, 148
Orth an der Donau 11, 14, 16 ff., 25 f., 46 f., 86 f., 90, 92, 100, 102, 123, 137 f., 150, 152 f.
_ museumORTH 25, 86
_ Schiffmühle Orth 16 f., 90, 148
_ Uferhaus 18 f., 46, 90, 92, 97, 99, 104, 138, 148, 151 f.
Orther Inseln 138, 153

Panozzalacke 25, 138
Parbasdorf 21, 50, 136
Pframa 137
Probstdorf 34, 41, 126

Raasdorf 32 f., 36, 38, 40 f., 46, 56, 124 f., 136 f., 140 f., 148, 150
_ Kulturhaus 124 f.
Regelsbrunn 96, 103 f., 149
Rosskopfarm 102, 104
Rußbach 21, 23, 52, 110 ff., 116, 126, 150
Rw5 47, 150

Schloss Eckartsau 11, 72 f., 90, 92, 102, 123, 125, 135
_ Hof 11, 70, 74 ff., 82, 84, 90 f., 105, 110, 112, 123, 125, 134 ff., 148 ff.
_ Leopoldsdorf 79

_ Marchegg 11, 80 f., 90 f., 107, 109, 148, 153
_ Niederweiden 82 f., 90 f., 110, 135, 149
_ Obersiebenbrunn 24, 84 f., 90, 92, 136
_ Orth 86 f., 90, 92, 100, 102, 123, 148 f., 152
_ Sachsengang 11, 14 f., 88 ff., 123
Schlosskonzerte Eckartsau 123, 125
Schönauer Au 138, 152
Schönfeld 116 f., 119, 122, 138, 140, 148
Siehdichfür 47, 118, 121
Stadler Furt 138
Stempfelbach 84, 91, 110
Stopfenreuth 46, 88, 90 f., 101, 104, 139
_ Au-Terrasse 101, 138, 152
_ Forsthaus 46, 91, 101, 104
Storchenweg 107, 109, 153
Strasshof 25, 29, 46, 50, 117 f., 121, 125, 148, 153
_ Eisenbahnmuseum Heizhaus 26 f., 29
_ Familienwald/Biotop der Naturfreunde 118, 120
_ Heimatmuseum 25
_ Kulturzentrum Marchfeld 121, 123, 125

Thebener Kogel 111
Trappenschutzgebiet 10, 113, 116
Trielgebiet 113

Unkenweg 106, 108, 153
Untersiebenbrunn 21, 24, 32, 41, 44, 92, 117, 148, 150

Wagram 14, 21 ff., 43, 50, 92, 110, 126, 137
Weidenbach 53
Weikendorf 64 ff., 117, 124 f., 136, 148, 153
_ Dreifaltigkeitssäule 67
_ Kirchenplatz 64, 67
_ Kunstraum (ehem. Zeughaus)
_ Pfarrkirche 64 ff., 153
_ Pfarrschloss 64 ff.
_ Rathaus 65
_ Schüttkasten 65, 67
Wien 11, 14, 16, 19, 20, 23, 25 f., 29, 34, 38, 40, 47, 50 ff., 74 ff., 79, 86 ff., 91 f., 96, 102 ff., 111, 115, 117, 123, 129, 140, 144, 148 ff.
Wiener Becken 32, 96
Wiener Neustadt 25 f.

Záhorská Ves 108, 152
Zwerndorf 15, 37, 41, 44 ff., 106

CHRISTINA RADEMACHER, geb. 1969, studierte Deutsche Philologie, Soziologie und Publizistik und arbeitete danach als Redakteurin bei einer Tageszeitung. Seit der Jahrtausendwende lebt sie als freie Journalistin und Autorin in Wien. Wo man in Stadt und Umland am besten spazieren gehen, wandern und Rad fahren kann, hat sie bereits für einige Bücher erkundet. Bei Styria zuletzt erschienen: „Auf den Spuren von Prunk & Pomp. Unterwegs zu den schönsten Schlössern in und um Wien" (2015).

BILDNACHWEIS

Freytag & Berndt: Karte S. 6/7. *Franz Wokaun:* S. 19 r., 24 l., 42, 87 u., 93 u. l. & r., 94/95, 127 l., 138, 145 o., 146/147. *Richard Prossenitsch:* S. 37 o. & u. *Schloss Eckartsau:* S. 73 l., 68/69 (Franz Kovacs), 73 u. (Gabriele Moser). *picturedesk.com:* S. 12/13 (akg-images), 27 (Folwarczny, Josef/ÖNB-Bildarchiv), 45 (Starpix/Alexander Tuma), 75 & 76 (Koichi Sato), 83 (Rainer Mirau), 98 l. (Rolf Nussbaumer/Danita Delimont), 109 l. (F. Pritz), 115 r. (Mathias Schaef/United Archives), 119 (Karl Thomas/Allover).
Coverfotos: *Schloss Eckartsau:* vorne r. u. *picturedesk.com:* vorne l. o. (F. Pritz), l. m. (Karl Thomas/Allover), r. o. (Koichi Sato), hinten o. (Werner Lang/imageBROKER). *istockphoto.com:* hinten m. (alle12).
Alle übrigen Fotos: Christina Rademacher.

Texte und Wegbeschreibungen sind nach bestem Wissen und Gewissen erstellt. Verlag und Autorin übernehmen keinerlei Haftung. Alle Rechte wurden gewissenhaft abgeklärt. Eventuell berechtigte Ansprüche werden bei Nachweis vom Verlag in angemessener Weise abgegolten.

ISBN 978-3-85431-721-0

Wien – Graz – Klagenfurt
© 2016 by *Pichler Verlag* in der Verlagsgruppe Styria GmbH & Co KG
Alle Rechte vorbehalten.

Bücher aus der Verlagsgruppe Styria gibt es in jeder Buchhandlung und im Online-Shop
styriabooks.at

Lektorat: Elisabeth Blasch
Cover- und Buchgestaltung: Maria Schuster
Druck und Bindung: Druckerei Theiss GmbH, St. Stefan im Lavanttal
7 6 5 4 3 2 1
Printed in Austria